HEYNE <

Warnung: Einige der in diesem Buch vorgestellten Methoden sind äußerst gefährlich und sollten nur mit größter Vorsicht angewendet werden. So erklärt *Männer können alles – wenn man ihnen sagt, wie's geht!* zwar, wie man am besten von einem fahrenden Zug springt oder einem Hai entkommt, dennoch sollten diese Kenntnisse nur als allerletzter Ausweg aus Situationen angesehen werden, in denen sonst keinerlei Hoffnung mehr besteht. Nur als ausgebildeter Experte sollten Sie Methoden anwenden, bei denen Ihr Leben in Gefahr gerät. Die hier vorgestellten Inhalte sind nach bestem Wissen des Autors, des Übersetzers und des Verlages korrekt und wurden von Experten überprüft, aber es gibt einfach zu viele Unwägbarkeiten, um alle Situationen abzudecken. Wenn Sie es beispielsweise darauf anlegen, mit Haien zu ringen, wie wir es auf S. 172 beschreiben, bekommen Sie fast sicher, was Sie verdienen.

Wir wiederholen: Wir – der Autor, der Übersetzer, alle beteiligten Experten, der Verlag und jeder, den wir kennen – übernehmen keinerlei Verantwortung für irgendwelche Schäden (Sachschäden, Verletzungen und Schlimmeres), die aus einem Befolgen der Ratschläge in diesem Buch resultieren. Ebenso sollte keine der hier vorgestellten Methoden dafür verwendet werden, Gesetze zu brechen oder die Rechte anderer Menschen zu verletzen.

Benehmen Sie sich, seien Sie nett zueinander, und alles sollte gut werden.

Nick Harper

NICK HARPER

Männer können alles – wenn man ihnen sagt, wie's geht

Wie Mann Autoreifen wechselt, den BH mit einer Hand öffnet, ein schreiendes Baby beruhigt ...

Aus dem Englischen von Martin Bauer

Wilhelm Heyne Verlag
München

Die englische Originalausgabe erschien 2006
unter dem Titel *Man Skills. A Training Manual for Men*
bei Michael O'Mara Books Limited, London.

FSC
Mix
Produktgruppe aus vorbildlich
bewirtschafteten Wäldern und
anderen kontrollierten Herkünften

Zert.-Nr. SGS-COC-1940
www.fsc.org
© 1996 Forest Stewardship Council

Verlagsgruppe Random House FSC-DEU-0100
Das FSC-zertifizierte Papier *München Super* für Taschenbücher
aus dem Heyne-Verlag liefert Mochenwangen.

Deutsche Erstausgabe 01 / 2008

www.heyne.de
Printed in Germany 2008
Abbildungen: © 2006 by David Woodroffe
Vignetten: Ulrike Theilig
Redaktion: Natalie Buchholz
Umschlaggestaltung:
Hauptmann & Kompanie Werbeagentur, München – Zürich
Umschlagillustrationen: Anja Filler
Satz und Layout:
Ulrike Theilig | Das Herstellungsbüro, Hamburg
Druck und Bindung: GGP Media GmbH, Pößneck

ISBN: 978-3-453-60068-3

Inhalt

Wie kam es zu diesem Buch?

Einen Großteil meiner dreißig Jahre kam ich mit meiner Unbeholfenheit irgendwie durch – und vielleicht wäre mir das noch viel länger geglückt. Doch dann stürzte mich mein nerviger Schwiegervater in Selbstzweifel.

Es geschah letztes Jahr, an einem Sonntag. Ich war gerade umgezogen, und mein Schwiegervater half mir bei ein paar einfachen Heimwerkerarbeiten im Haus. Er schlug vor, ich solle doch schon mal den Heizkörper entlüften, während er die Waschmaschine anschloss. Sein beiläufiger Ton ließ darauf schließen, dass meine Aufgabe nicht weiter schwer sei. Tatsächlich klang er, als würden alle Männer mit etwa zwölf Jahren anfangen, regelmäßig Heizkörper zu entlüften.

Doch er kapierte schnell, dass er sich getäuscht hatte – mich verrieten mein dämlicher Gesichtsausdruck und die Tatsache, dass ich meine Aufgabe mit einer Bügelsäge angehen wollte. Er sagte nur deswegen nichts, weil wir beide wussten, dass das unnötig war; er durfte mit vollem Recht annehmen, seine einzige Tochter habe den zurückgebliebenen Bruder des Dorftrottels geheiratet. Diese Episode brachte mich ins Grübeln, und ich kam zu einem erschütternden Fazit: Ich war fast 32 Jahre alt, ohne je einige der wichtigsten Fähigkeiten erlernt zu haben, die jeder Mann beherrschen muss.

Klar, ich konnte E-Mails verschicken, den Videorekorder auf übernächsten Donnerstag programmieren und Musik aus dem Internet herunterladen, die ich mir nie anhören würde, aber von den wirklich wichtigen (Über-)Lebenstechniken, die unsere Väter fast alle noch beherrschten, hatte ich keine Ahnung. Mein Trost: Ich weiß, dass ich nicht allein bin. Heutzutage macht sich niemand mehr die Mühe zu lernen, wie man den Rasen gescheit mäht oder ein schleuderndes Auto abfängt. Deshalb sind fast alle Männer, die ich kenne, ebenso hoffnungslose Fälle wie ich – genauer gesagt, so hoffnungslose Fälle, wie ich einer war. Denn ich habe viele Monate damit verbracht, für dieses Buch zu recherchieren.

Nun möchte ich nicht behaupten, jeden Trick zu beherrschen, den Sie in diesem Buch finden. So muss ich zum Beispiel meine Telefonbücher backen, bevor ich sie zerreiße – aber letztlich gelingt es mir eben doch. Dank meiner Recherchen habe ich jetzt eine viel genauere Ahnung davon, wie man von einem fahrenden Zug springt, eine Gans tranchiert und eine Windel wechselt, ohne dass einem das Baby dabei ins Auge pinkelt. Außerdem habe ich gelernt, dass man keine Bogensäge braucht, um einen Heizkörper zu entlüften. Am Ende des Buches werden auch Sie das wissen.

Mein Schwiegervater hält mich übrigens noch immer für einen ahnungslosen Schwachkopf, aber man kann nicht alles haben.

Wie man ...
korrekt Hände schüttelt

Es geht hier nicht nur darum, die Hand des anderen Typen zu packen und kurz zu halten. Zugegeben, das ist es schon fast, aber wir wollen doch nicht, dass Sie einen falschen ersten Eindruck hinterlassen. Ihr Gegenüber soll ja nicht glauben, Sie seien ein merkwürdiger Kauz. Folgen Sie daher unseren Ratschlägen genau.

Wenn Sie die Hand eines Fremden zu fest packen, wird er denken, Sie wollen ihn in einem Männlichkeitstest besiegen, demnächst in Urschreie ausbrechen und eine Keule herumschwingen. Drücken Sie die Hand zu schlaff, wird Ihr Gegenüber Sie zu Recht als rückgratlosen Trottel abtun, dem man nicht trauen darf. Die Kunst liegt darin, einen goldenen Mittelweg zu finden. Die ungeschriebenen Gesetze sind einfach:

Der perfekte Handschlag

Stellen Sie Blickkontakt her, lächeln Sie oder sagen Sie »Guten Tag« und strecken Sie Ihre rechte Hand vor, in einem leicht nach unten weisenden Winkel.

Ihr Händedruck sollte fest sein, aber nie hart – das ist kein Kräftemessen, *quetschen* Sie also die Hand Ihres Gegenübers nie.

Schütteln Sie nur aus dem Unterarm, lassen Sie Ihre Schulter aus dem Spiel. Sonst wird die Angelegenheit

Die goldenen Regeln

Ein Handschlag sollte für alle Gelegenheiten passen: Ändern Sie ihn nicht, um sich verschiedenen Umgebungen und Leuten anzupassen.

Allerdings sollten Sie Ihren Handschlag verändern, wenn Sie einer Dame die Hand geben. Drücken Sie schlicht ein bisschen weniger fest zu – ein zu weicher Händedruck könnte jedoch als Anmach-Versuch missverstanden werden.

Der zweihändige Handschlag hat etwas Herzliches, wirkt gegenüber Fremden aber ein wenig übertrieben vertraut. Heben Sie ihn sich für enge Freunde und alte Bekannte auf.

Wenn Sie die Hand Ihres Gegenübers zu lange festhalten, wirken Sie bedürftig.

Ziehen Sie aber nie abrupt die Hand wieder zurück, das ist schlicht ungezogen.

Stellen Sie sicher, dass Ihre Hände trocken sind.

Zappeln Sie beim Händeschütteln nie.

Zwinkern Sie nie, außer Sie sind ein dreister Arsch.

Und versuchen Sie nie den Gag mit dem Elektroschocker in der Hand mit einem Fremden. Sparen Sie sich solche Scherze für Ihre »ausgeflippten« Freunde auf.

sehr körperbetont, und der andere wird Testosteron riechen.

Halten Sie die Hand des anderen nur zwei, drei Sekunden fest und schütteln Sie ein paar Mal kurz und kontrolliert. Damit vermitteln Sie Aufrichtigkeit. (Beim Händeschütteln ist eine Bewegung der Hand selbst übrigens optional. Aber wenn Sie die Hand nicht auf und ab bewegen, halten Sie einen Moment lang mit einem Fremden Händchen. Das wäre auch kein Problem, wenn wir in einer offeneren, toleranteren Gesellschaft leben würden, aber das tun wir nicht.)

Halten Sie während des Händeschüttelns Blickkontakt, bis die Hände zurückgezogen werden.

Wenn alles nach Plan gelaufen ist, wird Ihr Gegenüber Sie für einen charakterfesten Menschen halten, den er gerne einstellt, dem er freudig seine Tochter zur Braut gibt oder mit dem er gern bis spät in die Nacht Whisky trinkt und gute Zigarren raucht. Vielleicht sogar alle drei Dinge – wenn Sie einen wirklich tollen Handschlag abgeliefert haben.

Wie man ...
richtig Blumen kauft

Passen Sie hier gut auf, denn es ist gar nicht so einfach, die richtigen Blumen zu besorgen.

Wenn Sie einer Frau Blumen kaufen, müssen Sorte und Farbe zur Gelegenheit passen. Vielleicht finden Sie ja, dass nicht mehr ganz taufrische Narzissen von der Tankstelle oder ein halbes Dutzend Billigrosen vom Straßenstand vollauf genügen, aber da täuschen Sie sich gewaltig. Hüten Sie sich, die Blumenregeln für Männer sind verwirrend komplex. Ich habe mal eine abgegriffene Kopie dieser Regeln gesehen und mache hiermit den heroischen Versuch, einen Sinn aus ihnen herauszulesen:

Überraschen Sie sie

Wenn Sie ihr nur Blumen schenken, wenn Sie etwas ausgefressen haben oder eine Riesenbitte an sie haben, wird sie bald merken, dass Sie ihr nur aus Schuldgefühl Blumen mitbringen. Gewöhnen Sie sich an, ihr hin und wieder ohne Anlass Blumen zu überreichen, dann bedeutet diese Geste viel, viel mehr.

Romanze

Mit einem Strauß roter Rosen zum Valentinstag können Sie nichts falsch machen – gleichzeitig beweisen

Sie aber auch, dass Sie null Fantasie haben. Stattdessen könnten Sie es mit Azaleen, Tulpen oder einem gemischten Blumenstrauß probieren. Das ist origineller und meist auch billiger. Obwohl Geld natürlich völlig nebensächlich ist, wenn es um die Dame Ihres Herzens geht.

Geburtstag der Partnerin

Sie wollen es doch garantiert nicht vermasseln und ihr diesen ganz besonderen Tag ruinieren, oder? Mit einem Blumenstrauß sind Sie auf der sicheren Seite; der Preis für einen angemessenen Strauß liegt bei etwa 25 Euro (zum Zeitpunkt der Drucklegung).

Hochzeits- oder Jahrestag

Wenn Sie verheiratet sind, ist es schon mal ein guter Anfang, sich an das korrekte Hochzeitsdatum zu erinnern. Versuchen Sie auch, sich zu erinnern, was die Lieblingsblumen Ihrer Partnerin sind. Schenken Sie ihr einen Strauß davon – oder rote Rosen, damit liegen Sie nie falsch.

Traurige Anlässe

Gute Blumen für traurige Anlässe (Todesfälle, Amputationen und Jobverlust) sind weiß; um welche Blumen es sich handelt, ist fast nebensächlich.

Farbcodes (zur zusätzlichen Verwirrung)

Wenn Sie die obigen Regeln verinnerlicht haben und so tun wollen, als würden Sie sich mit Blumen gut auskennen, sollten Sie wissen, dass die einzelnen Farben verschiedene symbolische Bedeutungen haben.

Rote Blumen symbolisieren Leidenschaft, Liebe, Feuer und Hitze. Orange steht für Feuer und Wärme, Gelb wird mit Frühling, Lebensfreude und Sonnenschein assoziiert.

Blaue Blumen stehen für Frieden, Gelassenheit und Ruhe, Violett symbolisiert Luxus, Prunk und Opulenz à la Elton John. Rosa steht natürlich für Weiblichkeit, Grazie und das ganze Mädels-Zeug.

Weiße Blumen assoziiert man mit Reinheit, Licht und Unschuld, schwarz hingegen kündet von Stilbewusstsein, Verzückung ... oder baldigem Tod, wenn man die Blumen einem Schwerkranken schickt.

Suchen Sie im Zweifelsfall Blumen in ihrer Lieblingsfarbe aus oder Blumen, die farblich zu dem Raum passen, in dem sie voraussichtlich aufgestellt werden.

Krankenhaus

Duftende Blumen und Pflanzen mit Erde sind dort normalerweise verboten. Verzichten Sie auf Tulpen, die lassen in der Wärme schnell die Köpfe hängen. Weiße Blumen, die als typische Grab- oder Beerdigungsblumen gelten (z.B. Nelken) könnten eine missverständliche Botschaft übermitteln.

Geburt eines Kindes

Für die Partnerin gibt's rote Rosen, ansonsten haben sich verspielte Sträuße eingebürgert – hellblau für Jungen, rosa für Mädchen.

Die zentrale Lektion für alle, die sich solche Dinge nie merken können:

Die wichtigste Regel zum Blumenkauf lautet: Bitten Sie im Zweifelsfall die nette Person hinter der Ladentheke um Rat. Als Blumenliebhaber(in) wird sie unendlich mehr über Blumen wissen als Sie und dieses Expertenwissen gerne mit Ihnen teilen. Sagen Sie ihr, für welchen Anlass Sie die Blumen brauchen, dann stellt sie Ihnen schon einen Strauß zusammen, der die gewünschte Botschaft übermittelt.

Wie man ...
eine Gans tranchiert wie ein Profi

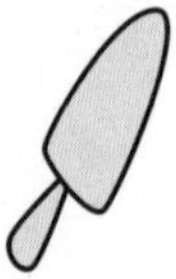

Nehmen Sie diese Aufgabe nicht auf die leichte Schulter: Ein Huhn zerteilen kann jeder Idiot, solange er nur ein scharfes Messer hat. Großes Federvieh wie Gänse oder gar Truthähne sind aber ein ganz anderes Kaliber. Wenn Sie auf die losgehen, ohne einen Plan zu haben, stehen Sie am Ende mit einem Haufen Fleischfetzen da, den sogar Ihre Katze indigniert stehen lassen würde. Setzen Sie hingegen Ihre Schnitte so gekonnt, wie es unten beschrieben ist, schinden Sie bei Ihren Gästen mit hübschen, saftigen Bratenscheiben mächtig Eindruck ...

Nehmen Sie den fertig gebratenen Vogel (Gans, Truthahn usw.) aus dem Rohr und legen Sie ihn eine Viertelstunde zum Auskühlen hin, die Brust nach oben. Dadurch geht die Spannung aus den Fasern, das Fleisch lässt sich dann viel leichter schneiden. Das wiederum erweckt den Anschein, als wüssten Sie, was Sie tun. Verwenden Sie ein Schneidebrett mit einer kleinen Rinne am Rand. So geht der köstliche, kostbare Bratensaft beim Tranchieren nicht verloren.

Nehmen Sie nun ein sehr scharfes, biegsames Tranchiermesser mit dünner Klinge und eine Tranchiergabel mit zwei Zinken (damit hindern Sie den Vogel am Davonfliegen) und gehen Sie folgendermaßen vor:

1. Schritt: Schneiden Sie zwischen Brust und Bein hinunter. Ziehen Sie das Bein vom Vogel weg und durchtrennen Sie das Gelenk. Voilà, schon haben Sie ein besonders beliebtes Stück. Sollten Sie versuchen, durch den Knochen zu säbeln, stehen Sie am nächsten Tag noch da.

2. Schritt: Schneiden Sie durch das Kniegelenk des Tieres, um Ober- und Unterschenkel zu trennen. Wiederholen Sie den Vorgang am anderen Bein. Als allgemeine Regel gilt: Kaufen Sie keinen Vogel, der weniger oder mehr Beine hat als zwei.

3. Schritt: Entfernen Sie das Gabelbein, bevor Sie die Brust tranchieren, das steht sonst im Weg rum. Lösen Sie dazu mit den Fingern die Haut vom Fleisch am Hals, falten Sie die Haut zurück und legen Sie das Brustbein frei (das ist der starke Knochen, der in der Mitte der Brust hinunter verläuft). Jetzt sollten Sie das Gabelbein mit geringem Aufwand herausziehen können.

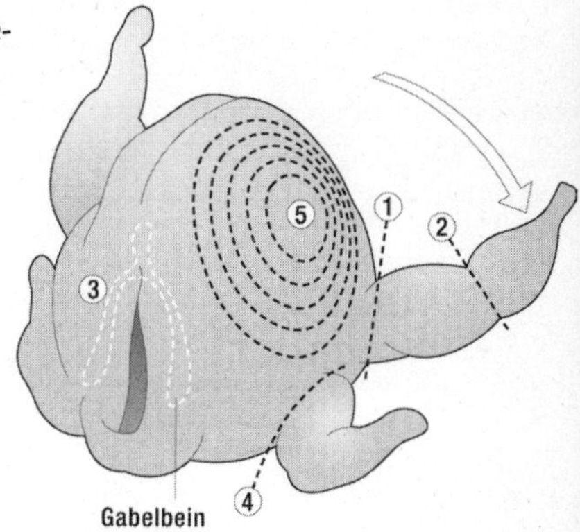

4. Schritt: Schneiden Sie horizontal oberhalb des Flügelgelenks und weiter durch die Brust – das erleichtert es später, große, saftige Fleischscheiben zu bekommen, mit denen man am meisten Eindruck schindet.

5. Schritt: Schneiden Sie jetzt abwärts, parallel zum Brustbein und gehen Sie dabei so nah wie möglich an den Knochen, um möglichst wenig von dem wertvollen Fleisch zu vergeuden. Wiederholen Sie das auf der anderen Seite des Brustbeins, bis nur noch ein fleischloses Gerippe übrig ist. Verteilen Sie das Fleisch unter Ihren hungrigen Gästen.

Wie man ...
einhändig einen BH öffnet

Ein nervöser Anfänger, der sich panisch an einem BH-Verschluss abplagt, kann schrecklichen Schaden anrichten. Das ist nicht nur Panikmache, um eine dramatischere Einleitung bieten zu können, sondern ich beziehe mich auf den traurigen Fall eines Jünglings, der eine Schönheitsoperation benötigte, nachdem er mit dem Finger in den BH seiner gut gebauten Freundin gekommen war.

Er war 27 und hätte es eigentlich besser wissen müssen. Seine Verletzung war so schwerwiegend, dass der behandelnde Chirurg vorschlug, man sollte doch naive junge Männer alle einmal in ein BH-Camp schicken, damit sie dort was lernten. (Ich übertreibe ein wenig.) Das *British Journal of Plastic Surgeons* jedenfalls schrieb 2002: »Wir befürworten, dass heranwachsende junge Männer sich beizeiten im Selbststudium mit dem Mechanismus von externen Mammae-Stützsystemen für Frauen vertraut machen. Dies, so unsere Überzeugung, wird die Zahl von Unfällen dieser Art verringern.«

Leider gibt es bis heute keine BH-Camps, und wenn Sie je versuchen sollten, ein externes Mammae-Stützsystem mit nur einer Hand zu öffnen, kann Ihnen die folgende Anweisung das Leben retten ...

1. Schritt: Der Standard-BH-Verschluss funktioniert mit Haken und Ösen und wird durch leichten Zug auf das BH-Rückenteil zusammengehalten. Lassen Sie Ihre Hand unauffällig auf den Rücken der Dame wandern, legen Sie Daumen und Zeigefinger an die Außenseite des BH-Rückenteils, rechts und links vom Verschluss. Schieben Sie die restlichen drei Finger unter das Rückenteil.

2. Schritt: Die drei Finger lösen den BH vom Rücken der Frau und nehmen dadurch die Spannung aus dem Verschluss. Drücken Sie jetzt Daumen und Zeigefinger sanft zusammen, um die Haken aus den Ösen zu lösen.

3. Schritt: Wenn Sie das richtig gemacht haben, sind Sie noch immer unverletzt, die zwei Enden des BH-Rückenteils hängen nach unten und der BH ist frei. Wenn Sie jetzt nicht wissen, was als Nächstes zu tun ist, sollten Sie sich vielleicht zur Weiterbildung einen Oswalt-Kolle-Film ansehen.

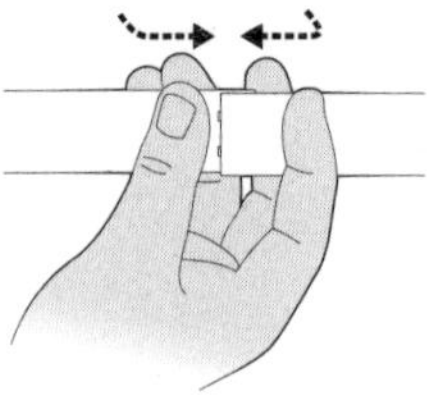

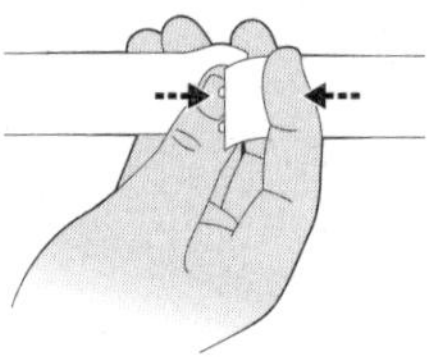

Wie man ...
mit zwei Stöckchen
Feuer macht

Na gut, wenn man es genau nimmt, sollte es statt »mit zwei Stöckchen« heißen: »mit einem Stöckchen, einem Stein, einem großen Brett, Zunder, noch einem Stöckchen und einem erschöpften Arm«. Aber das klingt nicht ganz so peppig. Die folgende Methode ist ideal für knallharte Männer, die auf so unsportliche Hilfe wie Zündhölzer verzichten können – oder für die, die so beknackt sind, ohne Feuerzeug auf Campingtour zu gehen.

Die Haltescheibe

Geeignet ist ein gut in der Hand liegender Stein oder ein Stück hartes Holz. Die Scheibe sollte an der Unterseite eine kleine Mulde haben, damit der Bohrer nicht abrutscht, sobald man senkrechten Druck ausübt.

Der Bohrer

Verwenden Sie einen geraden, robusten Holzstock mit einem Durchmesser von ca. zwei Zentimetern und einer Länge von zwanzig Zentimetern. Das obere Ende sollte abgerundet sein und gut in die Mulde der Haltescheibe passen; das untere Ende sollte spitz sein, um mehr Reibung zu erzeugen.

Das Brett

Es kann beliebig groß sein, aber erfahrene Buschmänner bevorzugen Bretter aus trockenem, weichem Holz, das mindestens fünf Zentimeter breit, fünfzehn Zentimeter lang und zwei Zentimeter stark ist. Bohren Sie nah an der Brettkante eine Mulde, breit genug, dass die Spitze des Bohrers hineinpasst. Fräsen Sie auf der Unterseite des Bretts eine V-förmige Vertiefung von der Brettkante zur Mulde hinauf (siehe Abbildung). Diese V-förmige Kerbe sollte unten in die Mulde ein kleines Loch bohren, das gerade groß genug ist, dass die glühenden Bohrspäne, die Sie produzieren werden, auf den Zunder hinunterfallen können (siehe Abbildung; schauen Sie genau hin!) Aber ich greife vor. Konzentrieren Sie sich gut und lesen Sie weiter.

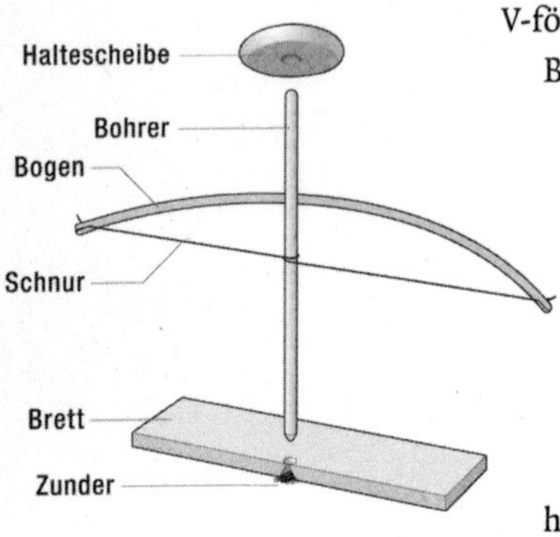

Der Bogen

Er sollte etwa 2,5 Zentimeter Durchmesser haben und stabil genug sein, nicht zu zerbrechen, wenn man beide Enden mit einer Schnur verbindet und zusammenbiegt. Schneiden Sie je eine kleine Kerbe von 2,5 Zentimeter in beide Enden des Bogens. Fädeln Sie eine Schnur durch eine Kerbe, sichern Sie sie mit einem

Knoten, biegen Sie den Stock in Bogenform, ziehen Sie die Schnur durch das andere Ende und machen Sie dort einen weiteren Knoten. Ziehen Sie die Schnur vorher so stramm, dass der Stock gebogen bleibt.

Bevor Sie nun mit der seltsamen Sägebewegung anfangen, müssen Sie noch einen schönen großen Haufen Holz und Zunder sammeln – wenn Sie nach all der Anstrengung schließlich eine Flamme haben, aber kein Holz, um sie zu ernähren, sind Sie noch blöder, als Sie aussehen (siehe auch Seite 161, *Wie man ein Lagerfeuer macht.*)

Schieben Sie nun ein Häufchen gut zerkleinerten Zunder (z.B. trockenes Gras, Laub, alles, was trocken und leicht entzündlich ist) unter den V-förmigen Ausschnitt im Brett, setzen Sie einen Fuß fest auf das Brett, um es zu fixieren, führen Sie dann die Sehne des Bogens um den Bohrer (siehe Abbildung) und vergewissern Sie sich, dass sie unter guter Spannung steht. Setzen Sie den Bohrer in die vorher geschnittene Mulde des Bretts, legen Sie die Haltescheibe darauf, drücken Sie das Ganze mit einer Hand nach unten, und es kann losgehen.

Drücken Sie den Bohrer nach unten und bewegen Sie den Bogen hin und her, in einer kontinuierlichen waagrechten Säge-Bewegung. Erhöhen Sie den senkrechten Druck, sobald die Bewegung rund läuft, und beschleunigen Sie die Säge-Bewegung. Sägen Sie so schnell Sie können, und dann noch ein bisschen schneller.

Irgendwann einmal – vielleicht nach gefühlten vier Tagen Schwerstarbeit – sollte Ihre Säge-Bewegung das Holz zu einem heißen schwarzen Staub zerreiben. Fällt dieser Staub auf den Zunder, führt die Hitze letztlich zur Entstehung eines Funken. Blasen Sie vorsichtig in den Zunder, bis er Feuer fängt, und schützen Sie ihn vor Wind, während Sie ihn zur vorbereiteten Feuerstelle bringen. Entzünden Sie damit den Zunder (trockene Zweige und Blätter) Ihrer Feuerstelle und hegen Sie das Feuer, bis es schön lodert. Nach ein paar Stunden sollte auch das Gefühl in Ihren Arm zurückkehren ...

Mit ein bisschen Übung geht die ganze Sache natürlich immer schneller.

Eine alternative Methode des Feuermachens

Bei der Methode mit einer konvexen Linse bekommen Sie keine blutigen Hände. Sie müssen lediglich eine Weile still liegen. Allerdings funktioniert sie nur an hellen, sonnigen Tagen. Sie benötigen die Linse eines Fernglases, eines Fotoapparats oder eines Vergrößerungsglases. Richten Sie die besagte Linse so aus, dass sie die Sonnenstrahlen auf ein kleines Häufchen Zunder bündelt. Halten Sie die Linse so lange in dieser Position, bis der Zunder zu schwelen beginnt und blasen Sie dann leicht hinein, bis eine offene Flamme entsteht. Übertragen Sie diese auf Ihr vorbereitetes Lagerfeuer und erfreuen Sie sich an den prasselnden Flammen, während Sie sich fragen, warum Sie sich je mit der Stöckchenmethode abgequält haben.

Wie man ...

einen Kater bekämpft

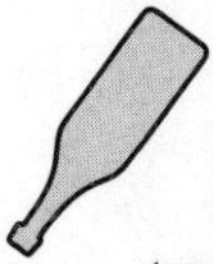

Sie kennen es vielleicht: Nach einer harten Nacht erwacht man, in einer Lache trocknenden Speichels, mit hämmerndem Kopfweh und stinkt nach billigem Alkohol und Rauch. Wenn Sie an einem solchen Tag arbeiten müssen, haben Sie ein Problem ... und wahrscheinlich verschlafen. Aber auch wenn Sie frei haben und den ganzen Tag im Unterhemd herumsitzen könnten, wollen Sie den Katzenjammer vermutlich so schnell wie möglich hinter sich bringen. Bevor ich nun die Wunderkur vorstelle, möchte ich kurz erläutern, warum Sie sich gerade so lausig fühlen. (Obwohl Sie in einem solchen Moment mit wissenschaftlichen Erklärungen sicherlich überhaupt nichts anfangen können ...)

Kurze wissenschaftliche Erklärung

Ihr Unwohlsein stammt entweder von Verunreinigungen (Geschmacksstoffen) im Alkohol oder von Acetaldehyd, einem giftigen Mief, den die Leber aussondert, während sie den Alkohol abbaut. Wie auch immer, Sie sind am A... Am besten überspringe ich den Teil mit dem Vasopressin und dem Methanol und gehe direkt zur Wunderkur über:

Die Wunderkur

Entschuldigung, ich habe gerade noch einmal nachgesehen: Es gibt kein Wundermittel.

Die einzige Methode, einen Kater zu vermeiden, besteht darin, gemäßigt zu trinken oder ganz auf Alkohol zu verzichten. Nun, das macht vielleicht keinen besonderen Spaß. Alternativ könnten Sie auch stetig neuen Alkohol nachkippen, um dem Kater immer einen Schritt voraus zu bleiben, aber als verantwortungsbewusster Mensch kann ich Ihnen davon nur abraten. Ihre einzige Hoffnung ist also, den Schaden so gut wie möglich zu begrenzen.

Vor dem Trinken

Essen Sie fettreiche Nahrungsmittel und trinken Sie Milch, um die Magenwände auszukleiden. Dadurch verzögern Sie die Aufnahme des Alkohols ins Blut und geben dem Körper mehr Zeit, die Giftstoffe aus Ihren Getränken zu verarbeiten.

Wenn Sie sich auf ein halbes Getränk pro Stunde bremsen können, sollte Ihr Körper fähig sein, den Alkohol so schnell abzubauen, wie Sie ihn trinken. Vorsicht! Eine »Halbe« ist kein halbes Getränk (auch wenn die Bayern das vielleicht finden), sondern ein ganzes. Erlaubt sind aber nur 0,25 l Bier oder 0,1 l Wein pro Stunde.

Je dunkler das Getränk Ihrer Wahl ist, desto höher steht die Chance, dass Sie am nächsten Tag mit Kopfweh aufwachen. Geschmacksstoffe geben Getränken Farbe und Geschmack, sind aber letztlich Verunreinigungen, die den Körper vergiften und Sie in so einen traurigen Zustand versetzen.

Trinken Sie nie durcheinander, vor allem nicht dunkle Getränke! Wenn verschiedene Toxine zusammenwirken, können sie viel größeren Schaden anrichten.

Trinken Sie zwischendurch viel Wasser, und sei es heimlich auf der Toilette. Alkohol wirkt diuretisch, was bedeutet, dass Sie noch den letzten Tropfen Wasser auspinkeln, anstatt es den verschiedenen Organen zukommen zu lassen, die Wasser brauchen, um vernünftig zu funktionieren. Wenn dem Hirn Flüssigkeit fehlt, schrumpft es ... und der nächste Morgen wird grausam.

Versuchen Sie aber nicht, Ihren Flüssigkeitshaushalt mit Limonaden auszugleichen. Wenn Sie z. B. Ihren Whisky mit Cola verlängern, tun Sie sich keinen Gefallen. Die Kohlensäure beschleunigt nachgewiesenermaßen die Alkoholaufnahme ins Blut, der Zucker macht Ihre Zähne kaputt und ruiniert Ihre Figur.

Wenn Sie dann mit Dönersauce auf dem Hemd nach Hause torkeln, vergessen Sie nicht, noch Wasser zu trinken, bevor Sie sich zum Schlafen auf dem Teppich zusammenrollen. Das hilft, Ihr System zu rehydrieren – trotzdem werden Sie sich in etwa vier Stunden fühlen wie der Tod.

Der nächste Tag (etwa vier Stunden später)

Soso, Sie haben alle meine Tipps ignoriert, wachen auf und fühlen sich wie der Tod. Jetzt können Sie nur noch darauf hoffen, dass eine der folgenden Katerkuren auch wirklich hilft. Sie haben nicht viel zu verlieren ...

Schlafen Sie so lang wie möglich. Vielleicht wird es besser.

Vitamin A, B und C wird dem Körper entzogen, wenn Sie trinken. Füllen Sie so schnell wie möglich nach, sei es mit Tabletten oder Nahrung. Vitamin A finden Sie in Eiern und Karotten, B in Bananen und Chilischoten, C in allen guten Zitrusfrüchten.

Kaffee oder Cola enthält Koffein, das die Blutgefäße im Hirn verengt. Andererseits entzieht es Ihnen auch Wasser und macht alles nur noch schlimmer, wenn Sie nicht zusätzlich Wasser trinken.

Kanarienvögel wirken Wunder, wenn man den alten Römern glaubt – und die kannten sich nun wahrlich mit Exzessen aus! Sie brieten sie, vermutlich in Olivenöl, obwohl Grillen vermutlich gesünder gewesen wäre. Heutzutage ist von dieser Katerkur strikt abzuraten, weil das Gekreisch der Partnerin / Tochter / Tierschützerin von nebenan erheblich schlimmeres Kopfweh verursacht als ein bisschen Alk.

Ingwer, in Orangensaft gerieben oder in Pillenform geschluckt, hilft angeblich bei verrenktem Magen.

Schokolade gibt dem Körper Zucker zurück, der beim Abbau von Alkohol verbraucht wurde, und schnellstmöglich ersetzt werden sollte.

Gymnastik bringt den Blutkreislauf in Schwung und sorgt so für eine bessere Versorgung Ihres geschrumpften Hirns mit Sauerstoff. Über den Schweiß werden Giftstoffe aus Ihrem Körper gespült. Es heißt, Sex helfe auch.

Zitrone gilt unter Zechbrüdern aus Puerto Rico als Wundermittel. Halbieren Sie eine Zitrone und reiben Sie den Saft unter Ihren Trinkarm. Innerhalb einer Stunde sollten sie topfit sein.

Verbrannter Toast hilft ebenfalls, wie behauptet wird: Die Kohle absorbiert Giftstoffe, die in Ihrem Körper herumtrudeln. Schmecken tut's natürlich scheußlich.

Bananen führen dem Körper Magnesium, Kalium und Zucker zu, die er nach einer Zechtour dringend braucht.

Sauerkraut hilft gegen Kopfweh und ersetzt angeblich alle möglichen wichtigen Stoffe, die der Körper beim Saufen abgebaut hat.

Menudo ist eine scharfe mexikanische Kuttelsuppe – angeblich hilft es ja, sich die Seele aus dem Leib zu kotzen.

Nehmen Sie ein, zwei der oben vorgestellten Mittel, schließen Sie die Vorhänge, legen Sie sich hin und warten Sie, bis der Schwindel vorbeigeht. Warten Sie weiter. Irgendwann geht es Ihnen dann wieder besser und Sie erkennen, dass Sie älter werden und das Saufen nicht mehr so vertragen. Sie sehen ein, dass übermäßiger Alkoholkonsum etwas für jüngere Kerle ist, und schwören sich, es nie wieder so zu übertreiben.

Und wer soll Ihnen das abkaufen?

Wie man ...

eine Kokosnuss knackt

Natürlich könnte man die Kokosnuss einfach an eine stabile Wand oder auf einen Stein knallen, aber dann ginge das köstliche Kokoswasser im Inneren verloren. Die folgende Technik ist idiotensicher und setzt auf kontrollierten Krafteinsatz.

1. Schritt: Legen Sie die Kokosnuss in eine Hand, mit der Spitze an einer Seite und den »Augen« an der anderen. Halten Sie die Hand über eine Schüssel (so vorhanden), um das Kokoswasser aufzufangen.

2. Schritt: Nehmen Sie ein stumpfes Instrument (den Rücken eines Messers oder einen glatten Stein) und schlagen Sie damit auf die Mitte der Nuss. Drehen Sie die Nuss um ihre Längsachse, und schlagen Sie immer weiter, bis sie langsam aufzubrechen beginnt. Lassen Sie das Kokoswasser durch den sich öffnenden Spalt in das Gefäß (oder direkt in Ihren Mund) rinnen. Sobald es versiegt ist, schlagen Sie wieder wie beschrieben gegen die Schale, bis sie ganz aufbricht. Sie sollten zwei in etwa gleiche Hälften bekommen, aber das misst niemand nach.

3. Schritt: Sie gelangen an das Kokoswasser, ohne die Nuss aufbrechen zu müssen, indem sie mit einem scharfen Instrument (Nagel, spitzer Stein) ein Loch in ein »Auge« der Nuss schlagen. Schieben Sie einen Strohhalm durch das Loch, und die Nuss ist zu einem Gefäß für Ihren Tropendrink geworden. Falls Sie auf einer einsamen Tropeninsel angeschwemmt wurden, finden Sie vermutlich keinen Strohhalm. Vergessen Sie den dritten Schritt dann einfach.

Wie man …
einen Menschen trägt

Stellen Sie sich vor, Sie wachen auf und das Haus brennt. Nun sind ja unsere Feuerwehrleute die besten der Welt, aber momentan halt einfach nicht zur Hand. Vielleicht retten sie ja gerade eine Katze von einem Baum oder spielen in der Feuerwache Skat … In einem solchen Fall sollten Sie wissen, wie man eine hilflose Person in Sicherheit bringt.

Möglicherweise ist diese Person von Rauch und Gasen betäubt, unter Umständen kann sie sich nicht aus eigener Kraft in Sicherheit bringen, oder was weiß ich. Jedenfalls sind Sie vor Ort und müssen etwas tun. Und zwar Folgendes:

Hochheben der Person

Das Aufheben der Person wird leichter, wenn Sie einen Helfer haben. Nehmen wir aber an, sie wären allein. Dann müssen Sie das Opfer irgendwie auf seine Füße stellen, mit dem Gesicht zu Ihnen. Ihr rechtes Knie ist gebeugt und zwischen die Oberschenkel des Opfers geschoben. Verlagern Sie Ihr Gewicht auf dieses vorgestellte Bein.

Sein Gewicht ruht nun auf Ihrem rechten Oberschenkel; nehmen Sie die rechte Hand des Opfers mit Ihrer linken und greifen Sie mit dem rechten Arm zwischen seinen Beinen hindurch und um seinen rechten

Oberschenkel herum (siehe Abbildung). Wenn Sie ganz ritterlich eine Frau retten, sollten Sie um beide Beine herumgreifen, nicht dass die Frau während des Einsatzes zu sich kommt und sich fragt, was Sie da zwischen Ihren Beinen treiben.

Drücken Sie jetzt die Knie durch und stehen Sie mitsamt dem Opfer auf. Seinen rechten Arm verwenden Sie dabei als Hebel, an dem Sie ihn über Ihre rechte Schulter ziehen. So verteilen Sie sein Gewicht gleichmäßig und verhindern, dass Sie sich den Rücken verrenken. Beachten Sie, dass Sie es nur dann richtig gemacht haben, wenn das Gewicht des Opfers auf beiden Schultern ruht. Bei gleichmäßiger Gewichtsverteilung können Sie das Opfer viel weiter tragen; auch werden eventuelle Verletzungen des Opfers so schonender behandelt.

Stehen Sie möglichst aufrecht, beugen Sie den Kopf leicht nach vorn, um es etwas bequemer zu haben, und schreiten Sie langsam in Sicherheit.

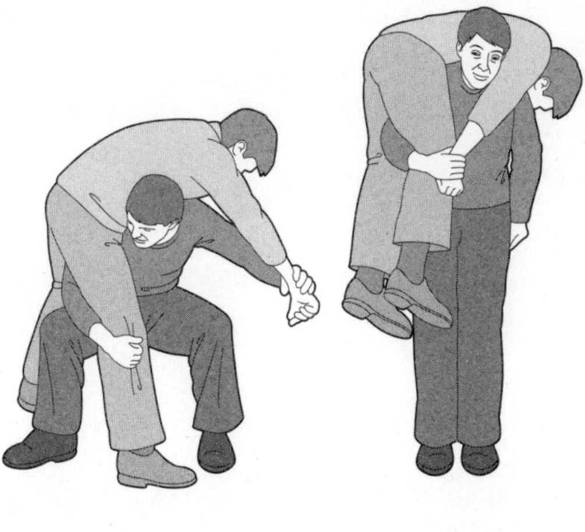

Tipps fürs Fensterln

Wenn Sie als echter Superheld über eine Leiter zum Fenster des Opfers geklettert sind, hängt es von der Seite ab, auf der die Leiter steht, auf welche Schulter Sie das Opfer nehmen müssen. Als Rechtshänder tendieren Sie natürlich dazu, eine Person mit rechts aufzunehmen. Stellen Sie deswegen die Leiter rechts ans Fenster. So gewährleisten Sie, dass der Kopf des Opfers mit geringerer Wahrscheinlichkeit gegen den Fensterrahmen knallt, wenn Sie aus dem Fenster klettern. Steht die Leiter links am Fenster, müssen Sie die Anweisungen spiegelverkehrt ausführen. Doch egal, wie herum Sie die Sache angehen: Passen Sie auf dem Weg nach unten gut auf.

Wie man ... einen Heizkörper entlüftet

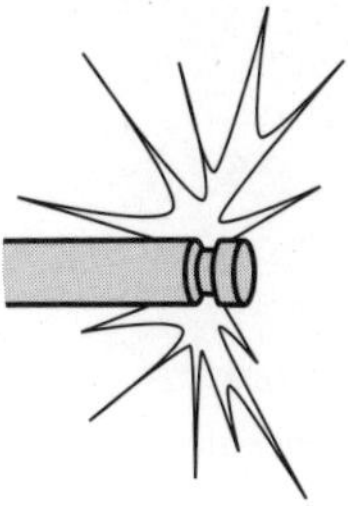

Experten in solchen Dingen raten, Heizkörper zweimal jährlich zu entlüften – und verlangen hundert Euro bar auf die Hand für die Reparatur, wenn Sie sich nicht an den Rat gehalten haben.

Dank dieses Abschnitts können sie dem Installateur zukünftig sagen, wohin er sich seinen Stundensatz stecken kann, und die Arbeit selbst machen. Denn der Vorgang ist lächerlich einfach, man lässt lediglich die Luft ab, die sich im Kreislauf einer Heizung gesammelt hat.

Luft im Wasserkreislauf einer Zentralheizung ist etwas ganz normales, für das man sich keineswegs schämen muss. Wenn Wasser erwärmt wird und wieder abkühlt, werden Luftbläschen frei. Diese Luft steigt zum höchsten Punkt des Heizkreislaufs, typischerweise dem Heizkörper, und verdrängt dort das Wasser. Da nun aber Luft viel schlechter Wärme leitet als Wasser, fällt die Heizleistung des Heizkörpers stark ab, bis Sie eines Tages aufwachen und am Fußende Ihres Betts ein Eskimo sitzt und fischt.

Sie erkennen Luft im Heizkörper daran, dass bei laufender Heizung der obere Teil des Heizkörpers merklich kälter ist als der untere. Wenn der Heizkörper von oben bis unten kalt ist, müssen Sie schlicht mehr

Luft ablassen – oder endlich das Ventil aufdrehen, Sie Hirni! Okay, so viel zur Theorie; lassen Sie uns zur Praxis übergehen.

1. Schritt: Schalten Sie die Zentralheizung am Thermostaten ab und lassen Sie das Wasser abkühlen. Öffnen Sie dann mit einem Ventilschlüssel das Entlüftungsventil am Heizkörper (normalerweise ein kleiner Nippel oben an der Schmalseite des Heizkörpers). Bevor Sie den Schlüssel drehen, sollten Sie einen alten Lumpen um das Ventil legen, um dreckiges Wasser aufzufangen, das heraussprühen könnte – auf den Teppich oder Ihre schicke neue Hose.

2. Schritt: Drehen Sie das Ventil eine halbe Umdrehung gegen den Uhrzeigersinn, bis Sie ein Zischen hören. Nur keine Panik! Das kommt einfach von der entweichenden Luft.

3. Schritt: Wenn das Zischen aufhört, ist die Luft abgelassen. Jetzt spritzt vielleicht dreckiges Wasser in den Lappen. Das ist das Zeichen für Sie, das Ventil wieder zu schließen – eine halbe Umdrehung im Uhrzeigersinn, falls Sie nicht wissen, wie herum.

4. Schritt: Legen Sie Schal und Handschuhe ab, wärmen Sie sich am berechtigten Gefühl, ein ganzer Kerl zu sein, und am reaktivierten Heizkörper und merken Sie sich im Kalender den nächsten Termin in sechs Monaten vor.

Wie man ... sich mit Morsezeichen verständigt

Morsezeichen waren Vorläufer der SMS und wurden in den 1830er-Jahren von Samuel Morse erfunden, um seinem Chef mitteilen zu können, dass er heute wegen einer Grippe das Bett hüten müsse. (Später am Tag erkannte Morse, dass das Kopfweh wohl eher auf die Sauftour vom Vorabend zurückzuführen war, aber das musste sein Chef ja nicht erfahren.)

Unter Seebären sind die Morsezeichen bis heute beliebt, mit denen 26 Buchstaben des Alphabets, die Zahlen 1 bis 9 und verschiedene Satzzeichen codiert sind und traditionell mit kurzen und langen Funkimpulsen gesendet werden.

Doch auch Wasserscheue können mit Morsezeichen tolle Sachen machen: Dem Freund im Nachbarhaus mit der Taschenlampe Nachrichten zukommen lassen, der Pizzeria gegenüber Signale senden. Leider hat sie keinen Lieferservice, aber da kann ich nichts dagegen machen.

Der Code

Ein Punkt steht für einen kurzen Ton oder Lichtimpuls, ein Strich für einen langen.

A .–
B –...
C –.–.
D –..
E .
F ..–.
G ––.
H ....
I ..
J .–––
K –.–
L .–..
M –
N –.
O –––
P .––.
Q ––.–
R .–.
S ...
T –
U ..–
V ...–
W .––
X –..–
Y –.––
Z ––.

1 .––––
2 ..–––
3 ...––
4 ....–
5 .....
6 –....
7 ––...
8 –––..
9 ––––.
0 –––––

Punkt .–.–.–
Komma ––..––
Doppelpunkt –––...
Fragezeichen ..––..
Ausrufezeichen –.–.––
Apostroph .––––.
Bindestrich –....–
Bruchstrich –..–.
Anführungszeichen .–..–.
Istgleichzeichen –...–
Streichen Sie das letzte Wort (war ein Fehler) .... (acht Punkte)

Der Strich ist normalerweise dreimal so lang wie der Punkt. Ein Wort der Warnung: Lassen Sie beim Morsen ausreichende Abstände zwischen den Buchstaben, sonst kommt reines Chaos raus, ununterbrochener, ohrenbetäubender Krach oder unsinnig flackerndes Licht. Ihr Gegenüber wird dann eher glauben, sie veranstalteten eine Party.

Schickt die Brieftaube in Rente!

Die erste erfolgreiche Nachrichtenübermittlung im Morsecode fand am 6. Januar 1838 statt, als Morse und sein Assistent Alfred Vail eine Botschaft über einen Draht drei Meilen weit versandten. Sie lautete:

.– / .––. .– – .. –. – / .–– .– .. – . .–. / .. ... /
–. ––– / .–.. ––– ... . .–. .–.–.–

Was das heißt, müssen Sie selbst herausfinden. Zeigen Sie, was Sie gelernt haben!

(Kleine Hilfe: Die deutsche Übersetzung lautet

»Wer ruhig wartet, ist kein Verlierer.«)

Wie man …

eine Hochzeitsrede hält

Wenn Sie nicht gerade ein sozial inkompetenter Eremit sind, wird man Sie irgendwann in Ihrem Leben vermutlich einmal bitten, als Trauzeuge aufzutreten. Dann werden Sie auch kaum drum herumkommen, aufzustehen und ein paar nette Worte über den Bräutigam und seine frisch Angetraute zu sagen. Leider gibt es kein Patentrezept dafür, wie man so eine Rede gut hinbekommt – wohl aber dafür, wie man vermeiden kann, sich bis auf die Knochen zu blamieren. Beachten Sie also zur Schadensbegrenzung folgende Hinweise:

Tipp 1: Verlassen Sie sich auf Ihre Spontaneität …

… und Sie sind verlassen. Wenn Sie sich nicht gründlich vorbereiten, riskieren Sie, sich vor einem ganzen Saal von Gästen zum Idioten zu machen. Konstruieren Sie das Gerüst Ihrer Rede schon Monate vor der Hochzeit und füllen Sie dieses Gerüst allmählich – mit witzigen Anekdoten, die Ihnen in dieser Zeit unterkommen und die einigermaßen passen, und mit Erinnerungen an die Kindheit, Jugend und Unizeit usw. des Bräutigams.

Aus dem Übermaß an Anekdoten, das Sie schließlich zusammenbekommen werden, müssen Sie jetzt nur noch die weniger geeigneten aussortieren, und schon können Sie die Rede fertig schreiben. Idealerweise sollte das bereits einige Wochen vor dem Ereignis geschehen, dann bleibt Ihnen noch Zeit, an Feinheiten zu feilen. Nehmen Sie witzige Wendungen, die Ihnen noch einfallen, durchaus auch bis zur letzten Sekunde in Ihren Vortrag auf, aber schreiben Sie nicht im letzten Moment die ganze Rede noch einmal um, das bringt Sie nur durcheinander. Und Verwirrung können Sie überhaupt nicht gebrauchen.

Und denken Sie ja nicht, Sie könnten unvorbereitet aufkreuzen und die Hochzeitsgäste mit einer aus dem Ärmel geschüttelten Rede begeistern und den Saal mit Ihrem spontanen Witz zum Brüllen bringen. Glauben Sie uns: Sie werden mit Karacho auf der Nase landen, wenn Sie das probieren.

Tipp 2: Geben Sie schon in den Anfangsworten den Tenor der Rede vor

Von einer guten Eröffnung hängt es entscheidend ab, ob Ihre Rede ein Erfolg wird. Es gibt drei mögliche Varianten:

Sichere Themen: Wenn Sie auf Nummer sicher gehen wollen, sprechen Sie über die einzigartige Magie des Hochzeitspaars, wie gut es zusammenpasst, und ähnlichen Süßkram, den die älteren Gäste so gern hören. Erzählen Sie amüsante Anekdoten aus der Kindheit des Bräutigams ... unter Auslassung derjenigen Geschichten, wie der spätere Bräutigam entdeckt, was man mit seinem Pimmelmann alles anstellen kann. Ergehen Sie sich darüber, wie schön der Festsaal ist, wie köstlich das Essen schmeckt, wie hübsch die Brautjungfern sind – vermeiden Sie aber allzu heftiges

Sabbern und gierige Blicke in Richtung Brautjungfern. Kurzum: Sagen Sie nette Sachen über die hier versammelten netten Leute und beleidigen Sie niemanden.

Gefährliche Themen: Reden Sie darüber, wie sich das Paar getroffen hat – außer wenn sie in einer Kiste aus Bangkok hergeschickt wurde. Erwähnen Sie peinliche Gewohnheiten des Bräutigams ... bleiben Sie aber immer über der Gürtellinie. Und gehen Sie kurz auf die bevorstehende Hochzeitsreise ein. Damit sollten Sie wohl auf der sicheren Seite sein.

Tabuthemen: Erzählen Sie nie, was wirklich beim Junggesellenabschied passiert ist – auch und gerade, wenn Sie Quittungen und Fotos als Beweise vorlegen können! Verlieren Sie kein Wort über die Expartnerinnen des Bräutigams und deren ganz besondere Vorzüge. Beginnen Sie nie einen Satz mit »Meine Schwiegermutter ...«, sagen Sie nichts Schlechtes über den Festsaal und das Essen, auch wenn Sie selbst im Gefängnis schon besser und stilvoller gegessen haben. Und erstellen Sie keine Rangfolge der schönsten Brautjungfern ... zumindest nicht öffentlich.

Tipp 3: Sie sind nicht Hugh Grant

In dem amüsanten englischen Film »Vier Hochzeiten und ein Todesfall« machte Hugh Grant vor, wie eine Hochzeitsrede idealerweise vorgetragen werden sollte: Der Redner war locker, charmant, witzig, aber nicht gemein, hatte eine widerspenstige Haartolle und genau den richtigen Oberklassen-Akzent. Leider sind Sie vermutlich nicht Hugh Grant. In diesem Fall sollten Sie den Inhalt Ihrer Rede klug wählen und für den Vortrag Folgendes beachten:

- Karteikarten als Gedächtnisstütze sind okay, Formate ab DIN A3 und größer können aber übertrieben wirken.

- Wie lang Ihre Rede sein sollte, hängt stark vom bisherigen Verlauf der Hochzeitsfeier ab. Traditionsgemäß sind Sie nach den kurzen Worten des Bräutigams und dem betrunkenen Geschwätz des Brautvaters dran. Wenn beide die Geduld des Publikums schon aufs Äußerste strapaziert haben, müssen Sie sich kurz halten. Bedenken Sie: Leute können nur eine gewisse Zeit lang Aufmerksamkeit heucheln. Haben die Vorredner allerdings aus lauter Nervosität ihre Reden in null Komma nichts durchgehechelt, dürfen Sie die eine oder andere Zusatz-Anekdote in Ihre Rede flechten. Schließlich will das Publikum einen Gegenwert für sein Geld – auch wenn es keinen Eintritt bezahlt hat.

- Halten Sie sich vor Ihrer Rede mit dem Alkohol zurück. Sie dürfen sich natürlich ein wenig Mut antrinken, aber ein lallender Trauzeuge mit Suppenflecken auf dem Hemd ist nicht ideal.

- Halten Sie Augenkontakt mit dem Publikum. Blicken Sie den Gästen in die Augen, lassen Sie den Blick über den Raum schweifen. Damit zeigen Sie Selbstsicherheit, auch wenn Ihnen vor Nervosität die Knie schlottern.

Modulieren Sie Ihre Stimme, insbesondere am Anfang und Ende von Sätzen. Durch Heben und Senken der Stimme machen Sie den Vortrag lebendiger. Eine monoton vorgebrachte Rede bewirkt allein, dass das Publikum nach seinen Sektgläsern greift.

Bleiben Sie ganz natürlich. Verzichten Sie auf pompöse Phrasen wie »Meine sehr geehrten Damen und Herren, anlässlich bla bla ...«. Sprechen und gestikulieren Sie, wie Sie es auch sonst tun. Denken Sie daran: Der Bräutigam hat Sie ausgewählt, weil Sie sind, wie Sie sind. Sie brauchen sich also nicht zu verstellen. Hüten Sie sich davor, berühmte Persönlichkeiten zu imitieren, außer Sie können das wirklich gut – und selbst dann ist es ein Grenzfall. Schließlich sollen Sie sich hier nicht produzieren, sondern Ihrem Freund Tribut erweisen.

Optische Spielereien können helfen, die Aufmerksamkeit eines Publikums zu fesseln, das sich allmählich ins Koma trinkt. Ein witziges Poster oder ein geeignetes Kleidungsstück lockern den Vortrag auf, eine Power-Point-Präsentation ist allerdings unentschuldbar.

Verzichten Sie auf Insider-Witze, sonst springen Ihnen 98 Prozent der Zuhörer ab, während Sie von der Dachsjagd in Soho daherschwadronieren.

Halten Sie sich immer das Allerwichtigste vor Augen: Die überwältigende Mehrheit der Hochzeitsgäste hofft *nicht*, dass Sie sich bei der Rede spektakulär zum Idioten machen. Hören Sie, wie Ihre Zuhörer willig auch über ziemlich mäßige Witze lachen! Denn sie bewundern Ihre Courage, aufzustehen und vor der Menge zu reden, und wünschen Ihnen nur das Beste. (Dass Sie den Bräutigam gerade eben noch bekniet haben, sich einen anderen Redner zu suchen, weiß das Publikum ja nicht.) Jetzt ist es sowieso zu spät. Stehen Sie auf, klopfen Sie mit einem Löffel gegen Ihr Glas, ziehen Sie die Sache durch. Danach können Sie sich dann betrinken, als gäbe es kein Morgen.

Wie man ... den Hau-den-Lukas schlägt, sodass die Glocke ertönt

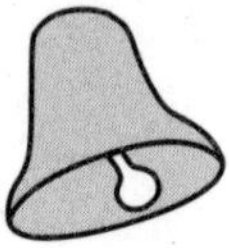

Kein Jahrmarkt, der diesen Namen verdient, kommt ohne den Hau-den-Lukas-Stand aus. Und kein Mann, der diesen Namen verdient, sollte einen Jahrmarkt besuchen, bevor er nicht gelernt hat, wie man den Hammer so auf den Pflock schlägt, dass das Gewicht nach oben saust und die Glocke anschlägt. Ein Scheitern kommt nicht infrage – Sie dürfen sich die attraktiven Gewinne (Plastikrosen usw.) nicht durch die Lappen gehen lassen!

Nicht eingeweihte Männer versuchen beim Hau-den-Lukas schlicht, den Holzhammer mit aller Macht auf den Pflock zu donnern. Sie denken, rohe Gewalt führe hier zum Erfolg. Doch wenn dann die Adern schon gefährlich hervorquellen, sich die ersten Wasserblasen bilden und das Gewicht trotzdem nur bis »Säugling« oder »Hühnerbrust« kriecht, geben die Kraftprotze schließlich gedemütigt auf (und murmeln beim Davonschleichen etwas von »alles Schwindel«).

Der kluge Mann hingegen weiß, dass hier nicht rohe Gewalt über Sieg und Niederlage entscheidet, sondern gute Koordination zwischen Hand und Auge. Ein schwacher Mann, der den Pflock genau senkrecht trifft, hat eine viel bessere Chance auf den Gewinn als ein Muskelprotz, der den Pflock schräg trifft.

Wenn Sie Gelegenheit zum Üben haben: Arbeiten Sie zunächst an der Genauigkeit, mit der Sie den Schlag führen, nicht an Ihrer Kraft. Steigern Sie dann allmählich den Krafteinsatz, soweit es Ihr Gestell zulässt – ohne bei der Genauigkeit nachzulassen. Schwingen Sie den Hammer über die Schulter oder seitlich am Körper, wie Sie es besser können.

Auf manchen Jahrmärkten setzen die Standbesitzer Geräte mit höheren Masten ein, entsprechend härter muss man zuschlagen, um das Gewicht ganz nach oben zu schicken. Hier scheiden sich die Jungs von den harten Männern. Sie haben jetzt die Wahl: Entweder Sie arbeiten an Ihrem Bizeps und schlucken dubioses Pulver, bis Ihr Hals dicker wird und Ihre Genitalien schrumpfen. Oder Sie erkennen, wann Sie geschlagen sind, und ziehen zur Wurfbude weiter (mehr dazu siehe Seite 181 *Wie man vernünftig wirft.*)

Wie man ... einen »Stiefel« trinkt

Wenn Sie ein Freund des Kampftrinkens sind – und wer ist das heutzutage nicht –, wollen Sie es sicher auch korrekt machen und eine Riesenmenge Bier aus einem seltsam geformten Gefäß (»Stiefel« oder »Yard of Ale«) unfallfrei trinken.

Das »Yard of Ale« (etwa »ein Meter Bier«) gibt es seit mindestens 1685, als der bekannte englische Schreiber John Evelyn berichtete, es sei »auf das Wohl des Königs getrunken worden, aus einem Feuerstein-Glas, das einen Yard lang war«. Es ist nicht überliefert, ob auch Seine Majestät an dem Besäufnis teilnahm, aber der Brauch setzte sich unter Kutschern schnell durch (damals waren Kutschen noch das schnellste Verkehrsmittel) – und zwar deswegen, weil die stinkfaulen Kutschenlenker sich die 91 cm hohen Gläser reichen lassen konnten, ohne selbst vom Kutschbock steigen zu müssen. Sie tranken das Bier auf Ex, ließen die Pferde aufheulen und legten dann einen Kavalierstart hin, gelegentlich in Gruppen von unschuldigen Passanten hinein.

So geht's

Ein Yard Bier enthält ca. 1,7 Liter Bier, Stiefel fassen mindestens zwei Liter, oft aber deutlich mehr. Allerdings wird der Yard von einer Person auf ex getrunken,

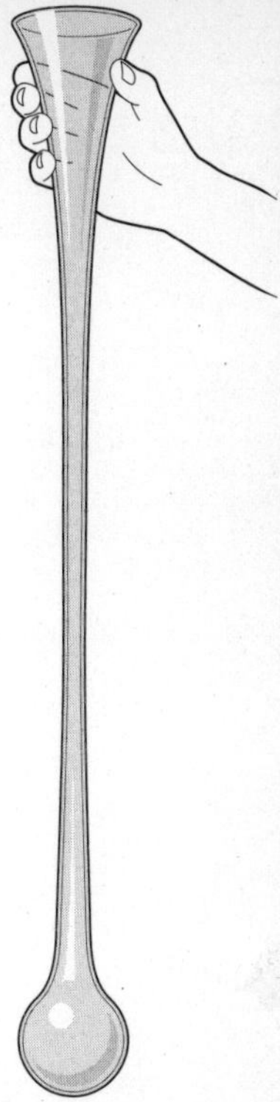

ein Stiefel wird in der Regel geteilt. Offenbar sind also Engländer und Australier ein wenig durstiger ...

Beim Yard of Ale kommt also eine Schwierigkeit hinzu, die es beim Stiefel nicht gibt: Man versucht, bald zwei Liter Flüssigkeit mit einem einzigen kräftigen Schluck verschwinden zu lassen. Bis Sie die Technik dafür drauf haben, wird Ihnen viel Bier wieder durch die Nasenlöcher herauskommen ... Glücklicherweise lässt sie sich leicht erlernen.

Die Schwierigkeit beim Trinken aus beiden Gefäßen besteht darin, dass sie am Ende keine normale Form haben, sondern eine Ausbuchtung (eine Kugel oder den »Fuß« des Stiefels. Bedenken Sie immer den berüchtigten Unterdruck, der sich im Fuß des Glases bildet, wenn Sie beginnen, aus dem Gefäß zu trinken. Das weggetrunkene Bier wird durch eine Luftblase ersetzt, die zum Fuß des Glases saust und dort schlagartig das Bier in der Kugel / im Fuß verdrängt und Richtung Ausgang strömen lässt. Eine Bierdusche können Sie allerdings mit zwei Methoden vermeiden:

Methode 1: Am simpelsten bleiben Sie trocken, wenn Sie die johlende Menge ignorieren und langsam, aber stetig trinken. Kippen Sie das Glas ganz, ganz allmählich, bis der Punkt erreicht ist, wo die

Luft langsam und gefahrlos in die Kugel / den Fuß strömen kann. Zwar wird man Ihre Männlichkeit in Zweifel ziehen, wenn Sie nach zwanzig Minuten immer noch an Ihrem Bier nuckeln, aber zumindest bleibt Ihre Hose trocken.

Methode 2: Fangen Sie an, das Glas zu drehen, sobald der Flüssigkeitsspiegel die Kugel / den Fuß erreicht. Die dadurch entstehende Wirbelbewegung des Biers erlaubt, dass der Unterdruck sich langsam ausgleicht; das Bier fließt weiterhin gleichmäßig, anstatt in einer Flutwelle daherzukommen. Doch Vorsicht! Andere Länder – andere Sitten. Das Drehen des Stiefels wird von vielen als »unsportlich« angesehen und sozial geächtet. Wenn man aber den Yard dreht, wird man von der raunenden Menge als echter Fachmann gewürdigt.

Hochgeschwindigkeitssaufen

Dem Guiness-Buch der Weltrekorde zufolge liegt der Rekord für einen Yard Bier bei fünf Sekunden – allerdings enthielt der Yard, den Peter Dowdeswell am 4. Mai 1975 trank, läppische 1,42 Liter. Übrigens war der ehemalige Premier Australiens, Bob Hawke, zu Studentenzeiten Rekordhalter im Yard-Trinken: Als er 1955 als Rhodes-Stipendiat in Oxford studierte, setzte er mit elf Sekunden für den Yard einen Standard, den keiner seiner Landsleute erreichte, und schaffte es damit ins Guiness-Buch der Rekorde.

Wie man ...

eine Fliege bindet

Nehmen wir mal an, Sie kämen irgendwann in Ihrem Leben einmal in Kreise, in denen bei festlichen Anlässen Fliege getragen wird. Jetzt könnten Sie sich immer noch eine Fliege mit Gummiband kaufen und sich die Arbeit sparen, eine Fliege zu binden. Aber ebendiese Kreise finden Gummizug-Fliegen schrecklich peinlich ... Machen Sie also Nägel mit Köpfen und lernen Sie, wie man Fliegen korrekt bindet. So geht's:

1. Schritt: Die Abbildung zeigt unter *Schritt* 1 eine hübsche Fliege, wie Sie sie im Spiegel sehen würden. Wie gezeigt, sollte das linke Ende etwa vier Zentimeter tiefer hängen als das rechte.

2. Schritt: Legen Sie das längere Ende über das kürzere.

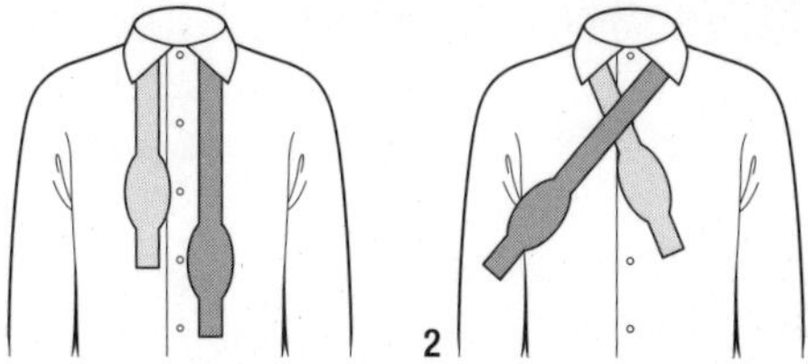

Schritt 1 ... 2

3. Schritt: Führen Sie das längere Ende durch die Schlaufe am Hals.

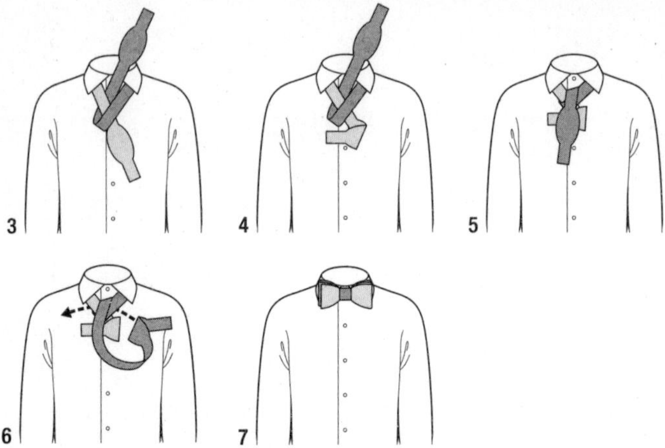

4. Schritt: Nehmen Sie jetzt das kürzere Ende und formen Sie die vordere Schlaufe Ihrer Fliege, indem Sie es knicken und über die Spitzen Ihres Kragens legen.

5. Schritt: Halten Sie diese vordere Schlaufe mit Daumen und Zeigefinger der linken Hand und lassen Sie das lange Ende vorn darüber fallen. Sie sehen schon, dass das Baby hier ganz mühelos allmählich Gestalt annimmt.

6. Schritt: Halten Sie alles, wie es ist, und kehren Sie mit dem langen Ende um. Stecken Sie es durch die Schlaufe hinter der Fliege, gleichen Sie die Enden an und ziehen Sie sie fest.

7. Schritt: Fertig! Noch gediegener sehen Sie allerdings aus, wenn Sie auch noch eine Hose anziehen.

Wie man ...

den Rasen mäht

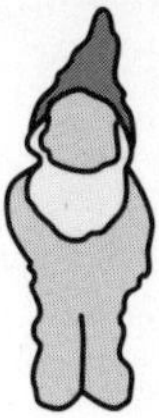

Rasenmähen ist allgemein unbeliebt, und das zu Recht: Es nervt, es strengt an und stiehlt einem wertvolle Freizeit am Wochenende. Die folgenden neun Tipps dienen deswegen auch nur dazu, den ganzen Prozess so schmerzlos wie möglich zu gestalten. Gartenbau-Preise werden Sie mit unseren Tipps nicht einheimsen – aber Sie bekommen einen hübschen, saftigen Flecken Rasen, auf den Sie sich setzen können, wenn doch mal die Sonne rauskommen sollte.

1. Tipp: Kaufen Sie sich einen anständigen Rasenmäher mit rotierenden Messern, vorzugsweise mit Grasfangkorb. Der erspart Ihnen das Zusammenrechen des geschnittenen Grases. Mit solchen Mähern bekommen Sie ein klar gezeichnetes, gut sichtbares Streifenmuster, wie Männer es so bewundern. Halten Sie die Messer scharf, dann wird der Schnitt sauberer.

2. Tipp: Wenn Ihr Garten sich in einen dichten Urwald zurückverwandelt hat: Überprüfen Sie vor dem Mähen mit einem Stock, ob sich im Dickicht Maulwurfshügel oder Steine verbergen. Beides ruiniert die Klingen Ihres neuen Mähers – und umtauschen können Sie ihn auch nicht, weil Sie die Quittung schon verloren haben.

3. Tipp: Schneiden Sie sehr hoch gewachsenes Gras auf mehrere Male verteilt herunter. So erlauben Sie den Pflanzen, sich in den dazwischenliegenden Tagen zu erholen. Wenn Sie alles auf einmal absäbeln, bekommen die Pflanzen einen Schock, siechen noch ein wenig dahin und sterben – und dann sieht Ihr Rasen erst recht schäbig aus. Begehen Sie auch nicht den Fehler, den Rasen so kurz wir nur irgend möglich zu schneiden, um dann länger Zeit bis zum nächsten Mähen zu haben. Durch einen Radikalschnitt ziehen Sie die Wurzeln zu nah an die Oberfläche und setzen sie schädlichem Sonnenlicht aus.

4. Tipp: Wie kurz sollten Sie mähen? Gute Frage! Die Antwort hängt davon ab, wie viel es regnet, wie schnell das Gras wächst und sonst noch so einigem. Als Regel kann man ansetzen: etwas über einen Zentimeter im Sommer und zwei Zentimeter im Winter. Wenn Kinder und Hunde darauf herumtollen, lassen Sie das Gras besser etwas höher stehen, um es vor Abnutzung zu schützen. Wenn Sie nur die Sonntagszeitung im Garten lesen wollen, dürfen Sie es kürzer mähen. Aber seien Sie gewarnt: Ein echter Experte, der weiß, wovon er redet, würde dringend davon abraten, Gras pro Mähvorgang um mehr als ein Drittel zu kürzen. Andernfalls beschädigen Sie die wertvollen Pflanzen ernsthaft.

5. Tipp: Düngen Sie den Rasen im Spätfrühling, dann sieht er im Sommer kerngesund aus. Folgen Sie den Anweisungen auf der Packung, und Sie bekommen einen dichteren, grüneren Rasen, frei von Unkraut und Moos.

6. Tipp: Lassen Sie das Gras in Hitzeperioden länger wachsen und mähen Sie seltener. Düngen oder wässern Sie den Rasen nicht, auch wenn er braun wird. Sonst veranlassen Sie das Gras, näher an der Oberfläche zu wurzeln, wo die Hitze schlimmen Schaden anrichten kann.

7. Tipp: Mähen Sie nie, wenn das Gras nass oder eisig ist. Sie bekommen dann keinen sauberen Schnitt und verteilen mit höherer Wahrscheinlichkeit Pilze über den Rasen.

8. Tipp: Variieren Sie die Mährichtung gelegentlich. So verhindern Sie, dass das Gras faul wird und sich nach mehreren Mähvorgängen in eine Richtung neigt. Ein Rasen mit schiefen Halmen sieht einfach schäbig aus; halten Sie die kleinen grünen Hälmchen also auf Trab.

9. Tipp: Legen Sie zum Schneiden der Kanten ein Holzbrett an den Rand des Rasens. So bekommen Sie eine schöne scharfe Kante. Legen Sie ein dickes, schweres Seil an kurvige Rasenkanten. Schneiden Sie dann das Gras mit einem Kantentrimmer, dann sieht Ihr Rasen professionell gepflegt aus. Noch besser: Heuern Sie einen jungen Menschen dafür an. Mit solchen Feinarbeiten müssen Sie sich nun wirklich nicht mehr abgeben. Sie haben es sich verdient, eine Zeit lang die Füße hochzulegen.

Wie man …

eine Windel wechselt

Leider lässt sich der Gifthauch einer dreckigen Windel nur für eine sehr begrenzte Zeit ignorieren. Und man darf auch nicht hoffen, dass die Sache sich von allein erledigt. Also fällt es zur Abwechslung einmal Ihnen zu, die Bescherung wegzuräumen. Der Durchsatz eines Babys ist schlichtweg verblüffend: durchschnittlich füllt es am Tag 15 Windeln bis zum Rand – und betrachtet es als Ehrensache, sofort weiterzumachen, sobald Sie die Windel gewechselt haben. Der einzige Lichtblick besteht darin, dass Windeln sich relativ leicht wechseln lassen, solange es sich um Wegwerfwindeln handelt. (Stoffwindeln sind zwar umweltfreundlicher, aber in diesem Fall kann Ihr Umweltgewissen mal ein Auge zudrücken.)

Mütter wechseln Babys die Windeln oft nach dem Füttern oder bevor sie sie zum Schlafen hinlegen. Sie können jetzt selbst durch Versuch und Irrtum herausfinden, wann Sie am besten Windeln wechseln – oder Sie akzeptieren einfach, dass Mütter sich mit so etwas auskennen.

Suchen Sie eine flache Oberfläche, auf der Sie das Kind wickeln können, zum Beispiel auf einem Teppich oder einer Arbeitsplatte. Wenn Sie über dem Boden arbeiten, müssen Sie das Kind während der Prozedur mit einer Hand auf seinem Bauch festhalten, sonst kriecht oder dreht es sich Richtung Gefahr, und Sie sind dann wieder schuld.

1. Schritt

Legen Sie das Baby auf den Rücken, mit der schon ausgebreiteten frischen Windel darunter. Damit verhindern Sie, dass Ihr cremefarbener Flauschteppich versaut wird, wenn die Verdauung des Kindes auch während des Wickelns weiterarbeitet. Zusatztipp für die Vermeidung von Kollateralschäden beim Wickeln eines Jungen: Legen Sie ein Tuch über seinen Piepmatz, sonst führt er vielleicht sein Paradestück auf ... Ihnen ins Auge zu pissen. Vergewissern Sie sich, dass die Klebestreifen der Windel sich am Rücken des Babys befinden.

2. Schritt

Öffnen Sie die dreckige Windel, unterdrücken Sie angesichts des grausigen Gestanks Ihren Brechreiz und entfernen Sie den groben Dreck mit dem Teil der Windel, der noch sauber ist. Nehmen Sie jetzt beide Fußgelenke mit einer Hand, heben Sie seinen Hintern Richtung Zimmerdecke und entfernen Sie die alte Windel. Falten Sie sie sicher zusammen und legen Sie sie außerhalb der Baby-Reichweite ab.

3. Schritt

Wischen Sie jetzt den Rest der Bescherung weg, mit Watte und Wasser oder mit feuchten Tüchern. Achten Sie darauf, auch in allen Falten zu säubern. Wenn Sie

Ein paar praktische Tipps (von Müttern)

Richten Sie alles, was Sie zum Windelwechseln brauchen, in Griffweite her. Ansonsten müssen Sie das Baby mitten in der Wechselprozedur kurz unbeaufsichtigt lassen, und das ist, wie bereits beschrieben, gefährlich.

Wickeln Sie kein Kind auf einer kalten Oberfläche – es wird noch Stunden später brüllen wie am Spieß. Legen Sie ihm eine Wickelunterlage oder ein Tuch unter, dann ist es bequemer und wärmer für das Kind.

Lenken Sie ein zappelndes Kind mit einem bunten Spielzeug ab, aber erst ab dem Moment, wenn Sie die neue Windel anlegen wollen. Wenn Sie schon am Anfang mit dem Spielzeug wedeln, durchschaut das Baby die Scharade irgendwann und fängt wieder zu zappeln an.

Versuchen Sie nie, die Haftstreifen zur Befestigung der Windel auf die Haut des Babys zu kleben. Dafür dürfte es Ihnen zu Recht einen Hieb auf die Nase verpassen. Achten Sie beim Windelwechsel auch auf rote Streifen um Bauch oder Oberschenkel des Kindes. Legen Sie die Windel beim nächsten Mal weniger stramm an, wenn Sie welche entdecken, sonst klingelt irgendwann mal das Jugendamt bei Ihnen.

feuchte Tücher verwenden: Suchen Sie nach Stellen mit Ausschlag und schmieren Sie diese gegebenenfalls mit einer geeigneten Creme ein. Wenn Sie den Ausschlag ignorieren, juckt er das Baby vielleicht mitten in der Nacht so sehr, dass es brüllend aufwacht. Dann werden Sie sich wünschen, Sie hätten diesen Rat befolgt.

Wichtig, ganz besonders bei Mädchen: Wischen Sie ein Baby immer von vorn nach hinten. Ansonsten riskieren Sie, Bakterien zu verteilen, die die Harnwege infizieren können. Und das wollen Sie gewiss nicht.

4. Schritt

Trocknen Sie die Haut des Babys wenn nötig ab und senken Sie seinen Hintern auf die neue Windel. Ziehen Sie das Vorderteil der Windel zwischen den Beinen durch und führen sie die Enden mit den Klebstreifen um das Becken des Babys nach vorn. Befestigen Sie die Haftstreifen, sodass die Windel gut sitzt. Entsorgen Sie die dreckige Windel so rasch und human wie möglich, in einen speziellen Windeleimer oder im Mülleimer.

5. Schritt

Waschen Sie zum Abschluss die Hände und genießen Sie volle fünf Minuten Ruhe, bis das Kind wieder gewickelt werden muss.

Wie man … einen Stein über das Wasser springen lässt

Mit diesem Trick beeindrucken Sie Kleinkinder und Frauen garantiert – vorausgesetzt Ihr Stein springt mindestens ein halbes Dutzend Mal über die Wasseroberfläche. Mit weniger Sprüngen stehlen Sie Ihrem Publikum nur die Zeit.

Die gute Nachricht: Eine Gruppe französischer Experten hat das Sprungverhalten von Steinen untersucht und herausgefunden, dass letztlich alles von der kinematischen Viskosität des Wassers abhängt. Na ja, das haben wir wohl alle schon vermutet. Sie haben aber auch entdeckt, dass $\frac{1}{2}MV^2x[N]-\frac{1}{2}MV^2x[0] = -N\mu Mgl$, was zumindest mich ziemlich schockierte. Wie auch immer; in für Laien verständlichen Worten scheint es so zu sein, als erhöhten Sie Ihre Chancen auf eine zweistellige Zahl von Sprüngen, indem Sie folgende einfache Regeln befolgen:

1. Regel: Das Wasser sollte aus offensichtlichen Gründen möglichst ruhig sein, der Stein sollte flach und rund sein, dann springt er besser.

2. Regel: Viele Leute denken irrtümlicherweise, man müsse den Stein so schnell wie nur irgend möglich werfen, um ein gutes Resultat zu erzielen. Nun spielt die Geschwindigkeit des Auftreffens auf dem Wasser zwar eine Rolle, aber der Stein muss gleichzeitig auch rotieren. Die Rotation stabilisiert den Stein auf seiner Flugbahn und sorgt für eine deutlich höhere Zahl an Sprüngen.

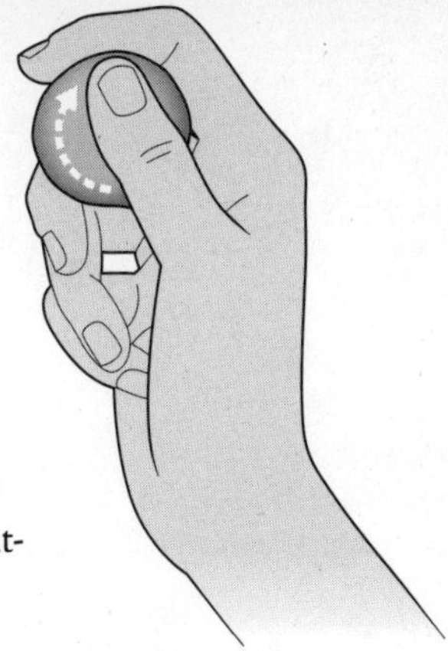

Versetzen Sie den Stein beim Abwurf in eine Drehung – im Uhrzeigersinn, wenn Sie Rechtshänder sind, ansonsten gegen den Uhrzeigersinn.

3. Regel: Der perfekte Aufprallwinkel liegt bei genau 20 Grad. Bei spitzerem Winkel verliert der Stein durch den Widerstand des Wassers sehr viel Energie, und wenn der Winkel über 45 Grad liegt, hüpft der Stein gar nicht, sondern geht unter wie ein, nun ja, Stein.

4. Regel: Ihr Stein muss mit über 14 Umdrehungen pro Sekunde und schneller als mit 12 ms^{-1} fliegen, um dem aktuellen Weltrekord von 39 Sprüngen (Toxteth O'Grady, USA) nahe zu kommen. Ms^{-1}? Ich hab auch keinen Schimmer. Konzentrieren Sie sich einfach darauf, den Stein beim Abwurf mit dem Zeigefinger in Rotation zu versetzen. Als Rechtshänder geben Sie ihm eine Drehung im Uhrzeigersinn um die eigene Achse mit. Je mehr Drall Sie dem Stein versetzen, desto öfter wird er springen.

Wie man ... einen heftigen Brand bekämpft*

* Warnung:
Die Feuerwehr warnt davor, Brände eigenmächtig zu bekämpfen, außer es handelt sich um kleine Brände, die von nicht geschulten Privatpersonen in den Griff zu bekommen sind. Nähern Sie sich Bränden nur mit äußerster Vorsicht. Betrachten Sie sich als gewarnt!

Zunächst eine Warnung: Wie jeder weiß, sollte man heftige Brände um jeden Preis vermeiden. Bringen Sie sich in Sicherheit, sobald Sie Anzeichen eines außer Kontrolle geratenen Feuers erkennen, und rufen Sie die Feuerwehr (112, diese Nummer gilt europaweit). Ein kleineres Feuer, wie etwa das berühmte brennende Fett in einer Pfanne, kann man aber ohne großen Aufwand selbst bekämpfen.

1. Schritt: Versuchen Sie unter keinen Umständen, die Pfanne anzurühren: Das Öl kocht und brennt und kann schlimme Wunden verursachen.

2. Schritt: Drehen Sie die Herdplatte ab, wenn Sie den Bedienknopf gefahrlos erreichen können. (Wenn Sie das nicht schaffen, müssen Sie aufgeben und die Feuerwehr rufen.)

3. Schritt: Widerstehen Sie der Versuchung, Wasser über die Flammen zu schütten. Öl und Wasser vermischen sich nicht; Sie verursachen so eine Stichflamme und eine kleine Explosion.

4. Schritt: Legen Sie vorsichtig eine Feuerlöschdecke über die Pfanne.

5. Schritt: Nein, ich habe auch keine Ahnung, was eine Feuerlöschdecke ist oder wo man eine findet. Machen Sie also ein Geschirr- oder sonstiges Tuch unter dem Wasserhahn nass, wringen Sie es gut aus und bedecken Sie die Pfanne damit.

6. Schritt: Die Flammen sollten jetzt ersticken. Lassen Sie die Pfanne vollständig auskühlen, machen Sie sich ein Sandwich zum Abendessen und prägen Sie sich diese vier Tipps zur Vermeidung von Bränden ein:

* **Ich darf die Pfanne nie mehr als ein Drittel voll machen.**
* **Ich muss alle Nahrungsmittel abtrocknen, bevor ich sie in heißes Öl lege – jedes Wasser bringt das Öl zur Explosion.**
* **Wenn Öl raucht, ist das ein Zeichen, dass es zu heiß geworden ist. Ich drehe die Herdplatte ab und lasse die Pfanne abkühlen.**
* **Ich lasse eine Pfanne mit heißem Öl nie unbeaufsichtigt, auch nicht um dem Vertreter an der Tür zu geigen, wohin er sich seinen Staubsauger stecken kann.**

Wie man … einen Anzug kauft, der einem tatsächlich steht

Wenn Sie zu den Männern gehören, die gern ein kleines Vermögen ausgeben, um sich von einem wieseligen alten Mann zwischen den Oberschenkeln herumfuhrwerken zu lassen, sind Sie hier falsch. Nehmen Sie Ihren maßgeschneiderten dreiteiligen Anzug und stolzieren Sie zum nächsten Kapitel.

Wenn Sie hingegen zu den Männern gehören, die einen anständigen Anzug brauchen, zu seiner Finanzierung aber nicht ihre Nieren über eBay verkaufen wollen, sollten Sie folgende Regeln beachten, um immer gut gekleidet zu sein:

Der Kopf

Die einfachste, aber wichtigste Regel überhaupt: Entscheiden müssen Sie selbst. Hören Sie sich an, was Ihre quasselnde weibliche Begleitung zu sagen hat, die findet, Ihnen stehe lila am besten, und was der schmierige Verkäufer zu sagen hat, der eine Umsatzbeteiligung bekommt. Aber letztlich liegt die Entscheidung allein bei Ihnen. Wenn Sie einen Anzug kaufen, in dem Sie sich nicht wohlfühlen oder der Ihnen Ihrer Ansicht nach nicht steht, verschwenden Sie nur Ihr Geld.

Das Jackett – Nadelstreifen oder nicht?

Nadelstreifen gibt es in tausenden Variationen und stehen Investmentbankern und Immobilienmaklern – vergessen wir sie also. Nehmen Sie einfarbigen Stoff, wenn Sie nur den geringsten Zweifel hegen. Anzüge aus einfarbigem Stoff passen bei mehr Gelegenheiten und kleiden Sie mit dezenter Eleganz. Karierte Jacketts sind auch eine Möglichkeit – wenn es Ihnen nichts ausmacht, wie ein Clown herumzulaufen.

Einreiher oder Zweireiher?

Das ist Geschmackssache. Zweireiher sind weniger gängig, sehen ein bisschen retromäßig aus, und werden am ehesten vom Präsidenten des örtlichen Golfclubs getragen. Er weiß, dass er darin ein wenig vornehmer aussieht, wenn er Damen und andere unerwünschte Personen von der Anlage geleitet. Mit einem Einreiher sind Sie auf der sicheren Seite.

Weite der Ärmel

Es lohnt sich, ein bisschen mehr anzulegen und ein Jackett mit Ärmellöchern zu kaufen. Doch wie weit sollten sie sein? Die Grundregel lautet, dass die Armlöcher eng anliegen, aber nicht beengen sollten. Heben Sie beide Arme über den Kopf – wenn die Ärmel zu eng sitzen, zieht es die Jacke nach oben und man sieht den Rücken Ihres Hemds, was nicht gut ist.

Länge der Ärmel

Mit folgendem Test können Sie die richtige Länge der Ärmel überprüfen: Lassen Sie die Arme locker herunterhängen und rollen Sie die Hände ein. Wenn die Jackettkante die Mitte der Handfläche erreicht, stimmt die Länge in etwa. Wie viel Hemd unter dem Ärmel noch zu sehen ist, steht jedem Einzelnen frei. Als korrekt gilt etwa ein guter Zentimeter. Wenn Sie allerdings brandneue Manschettenknöpfe tragen und mit ihnen ein bisschen angeben wollen, dürfen es auch vier Zentimeter sein.

Länge des Jacketts

Die optimale Jackettlänge hängt von Ihrer Körperform ab, aber als Faustregel gilt, dass eine Anzugjacke bis zur Oberkante des Hinterns reichen sollte.

Schlitze

Eine abschließende Note am Rücken des Jacketts: Schlitze lassen den Oberkörper schmaler erscheinen und treten in drei Varianten auf: ein einzelner Schlitz in der Mitte, ein Schlitz an jeder Seite oder gar kein Schlitz.

Kein Schlitz Eignet sich für den dünnen Mann; das Jackett hängt gerade an den Seiten herunter und lässt seinen schmächtigen Oberkörper breiter erscheinen.

Ein Schlitz Die beliebteste Option; geschnitten für den durchschnittlich gebauten Mann, der um seine Hüfte ein wenig Übergepäck mit sich herumträgt. Der Schlitz erlaubt dem Jackett, sich zu dehnen und bequemer anzuliegen; dadurch glätten sich unansehnliche Beulen. Das Sakko erhält durch den Schlitz am unteren Ende mehr Spiel, dadurch wirkt der Oberkörper prägnanter.

Zwei Schlitze Am besten für breite Affen. Sorgen dafür, dass der Anzug angenehmer sitzt, lassen den Bauch kleiner und die Brust breiter erscheinen und könnten Sie vor dem Erstickungstod retten.

Revers

Am Revers erkennt man den Mann.

Mittelbreites Revers Die sichere Option für den Mann, der sich modisch zurückhaltend kleiden will.

Schmales Revers Eignet sich am besten für fitte Männer, insbesondere fitte Männer, die etwas für einen flamboyanten, individuellen Auftritt übrig haben.

Breites Revers Für Männer mit Vorliebe für Retro-Look, die im Grunde ihres Herzens wilde Kerle sind. Wirkt ein bisschen wie ein Hilferuf und sollte niemals zu einem Vorstellungsgespräch getragen werden.

Die Länge des Revers wirkt sich auch darauf aus, wie groß Ihr Oberkörper wirkt. Ein langes, dünnes Revers (kombiniert mit einem oder zwei Jackettknöpfen und einfarbigen Hosen ohne Bügelfalten) lassen den Oberkörper länger wirken – gute Nachrichten also für kräftige Männer mit kurzen Oberkörpern (Soldaten, Rugbyspieler, Rausschmeißer) und Männer mit sehr breitem Oberkörper, die ein wenig schmaler erscheinen wollen.

Hose

Es ist offensichtlich von Vorteil, wenn die Hose aus dem gleichen Stoff gemacht ist wie das Jackett. Wenn Sie kerzengerade stehen, sollten die Hosenbeine auf Ihren Schuhen liegen und fünf oder sechs Zentimeter höher Falten werfen. Das gilt offiziell als guter Sitz.

Schritt

Als Regel gilt: Es muss genug Platz sein, um beide Hände in die Taschen stecken zu können, ohne dass es unbequem ist. Wenn Sie Taschenbillard spielen können, ohne dass man das sieht, ist die Hose zu weit. Wenn sich Ihr Johannes deutlich abzeichnet, sobald Sie sitzen, brauchen Sie einen weiteren Schnitt.

Aufschläge und Bundfalten

Waren in den 1980ern sehr beliebt – und sollten deswegen heute um jeden Preis vermieden werden. Hier ein kostenloser Tipp für alle Untergroßen: Hosen ohne Bundfalten, mit gerade geschnittenen Beinen und ohne Schlag lassen Ihre Beine länger und dünner erscheinen. Für spindeldürre Don Quichottes gilt natürlich das Gegenteil, womit leider Bundfalten und Schlag wieder ins Spiel kommen.

Wie man …

ein unwilliges Auto nach einer Frostnacht startet

Angenommen, Ihr Auto will am Morgen nach schwerem Frost nicht starten. Wenn Sie dieses Buch bereits zu Ende gelesen haben und die Tipps, wie man in fünf Arbeitstagen Multimillionär wird (s. Seite 260), erfolgreich umgesetzt haben, macht das gar nichts. Dann soll sich Ihr Chauffeur um das Problem kümmern. Wenn Sie aber noch nicht so weit sind, bleibt Ihnen wohl nichts anderes übrig, als für eine wichtige Präsentation oder so ins Büro zu fahren, die Kinder zur Krippe zu bringen oder was auch immer. Folgendes müssen Sie tun, um ein unwilliges Auto unter Winterbedingungen zum Laufen zu bringen:

Planen Sie voraus

Starker Frost schwächt die Autobatterie. Wenn die ohnehin schon auf dem Zahnfleisch daherkommt, sollten Sie sie über Nacht warm halten, wenn starker Frost angekündigt ist. Klemmen Sie die Batterie ab (wie das gefahrlos geht, steht in der Gebrauchsanweisung Ihres Autos), tragen Sie sie ins Warme und wickeln Sie sie in eine Decke, um ihr zu zeigen, wie lieb Sie sie haben. Wenn Ihnen wirklich ernsthaft daran gelegen ist, auch bei arktischen Bedingungen immer zuverlässig zur Arbeit zu gelangen, können Sie auch zu einem dünnflüssigeren Motoröl wechseln. Mit dickflüssigen Ölen tut sich der Motor besonders beim Kaltstart schwerer.

Schadensbegrenzung

Wenn Sie alles oben Geschriebene ignoriert haben und Ihr Wagen nach einer Frostnacht nicht startet, wärmen Sie ihn am schnellsten auf, indem Sie einen Schlauch an den Auspuff eines laufenden Wagens klemmen und die warme Luft unter den Motor Ihres Wagens leiten. Wichtig! Tun Sie das nur im Freien, keinesfalls in einer Garage! Mit vorgewärmtem Motor und wärmerer Batterie sollte das Auto leichter anspringen. Vergewissern Sie sich, dass alle Stromverbraucher (Licht, Radio usw.) abgeschaltet sind, bevor Sie den Zündschlüssel drehen.

Tricks mit dem Zündschlüssel

Drehen Sie den Zündschlüssel und lassen Sie den Anlasser fünf bis zehn Sekunden laufen. Bei älteren Autos ohne elektronische Benzineinspritzung muss man beim Starten ein wenig Gas geben. Übertreiben Sie es aber nicht, sonst säuft die Kiste ab. Bei elektronischer Benzineinspritzung sorgt der clevere Computerchip für einen optimalen Kraftstofffluss beim Anlassen.

Warten Sie ein paar Minuten, wenn das Auto beim ersten Mal nicht angesprungen ist. Wenn Sie den Anlasser überlasten, führt das zu Beschädigungen, die für teures Geld repariert werden müssen.

Anfahren

Endlich ist der Motor dank der obigen Tipps angesprungen. Fahren Sie aber nicht sofort mit Vollgas, mit durchdrehenden Reifen und in einer Qualmwolke los. Geben Sie dem Motor ein paar Minuten im Leerlauf, bis er warm gelaufen ist und das Öl gut im Motor fließt. Zu kaltes Öl kann den Motor schwer beschädigen … und Ihren Blutdruck bedenklich in die Höhe treiben. Legen Sie nach ein, zwei Minuten einen Gang ein, fahren Sie los, wohin auch immer Sie müssen.

Wie man ...

eine Champagnerflasche öffnet

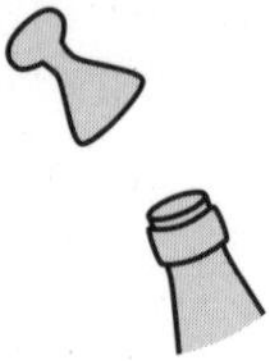

Jetzt haben Sie schon einen Haufen Kohle für Edelbrause hingelegt, da wollen Sie die Flasche natürlich stilgerecht entkorken und den Eindruck vermitteln, Sie tränken so ein Zeug ständig – aber natürlich nicht so ausgiebig, dass Sie ein Problem damit hätten.

Bevor Sie aber ans Entkorken denken können, muss der Champagner lange genug auf Eis gelegen haben. Experten zufolge sollte er sieben Grad kalt sein. Zu kalter Champagner schmeckt ganz falsch und warmer Champagner ist noch schlimmer. Außerdem schäumt warmer Champagner beim Aufmachen gewaltig – und lässt Sie wie einen ungeschickten Trottel dastehen. So-

Auf die Größe kommt es an

Champagnerflaschen kommen in allen möglichen Größen vor – und der wahre Connaisseur kennt auch die Namen dieser Flaschen:

bald der Champagner kalt genug ist, können Sie ihn öffnen und ausschenken ...

1. Schritt:

Nehmen Sie ein hübsches, frisches weißes Tuch und trocknen Sie die Flasche damit ab. So bekommen Sie einen besseren Griff. Entfernen Sie die Metallfolie um den Korken, lösen und entfernen Sie dann den Drahtkäfig um den Korken. Stellen Sie die Flasche senkrecht hin und legen Sie das Tuch über den Korken. Das sieht nicht nur professionell aus, sondern verhindert vor allem, dass der Korken versehentlich heraus- und der Herzallerliebsten ein Auge ausschießt. Manchmal genügt allein der Druck in der Flasche, um den Korken – mit Geschwindigkeiten bis zu fast 300 km/h – herausschießen zu lassen, sobald der Drahtkäfig entfernt ist. Halten Sie am besten immer einen Daumen auf dem Korken.

Quart oder Piccolo (0,1875 bzw. 0,2 l) – eine Viertelflasche, aus der Damen mit Strohhalm trinken können

Demi (0,375 l) – eine halbe Portion

Imperial (0,75 l) – eine stinknormale Standardflasche

Magnum (1,5 l) – zwei Champagnerflaschen

Jeroboam (3 l) – vier Flaschen, für die Schafkopfrunde

2. Schritt

Senken Sie den Flaschenhals, sodass die Flasche im 45°-Winkel steht. Das Tuch über dem Korken bedeckt den Hals der Flasche und verhüllt, was dahinter passiert. Halten Sie den Hals der Flasche mit einer Hand und drücken Sie den Daumen fest auf den Korken. Greifen Sie mit der anderen Hand die Flasche und drehen Sie sie ganz vorsichtig – man dreht also nie am Korken, sondern an der Flasche! Drehen Sie sanft weiter, bis Sie ein leises Plopp hören. Nur ungeduldige Anfänger, Rennwagenfahrer und ausgelassene Investmentbanker lassen die Korken richtig knallen. Denn dabei entweichen Kohlensäure und ein Schwall Edelbrause aus der Flasche. Ziehen Sie das Tuch ab, werfen Sie Ihrer Lady einen wissenden Blick zu und bereiten Sie sich auf das Einschenken vor. Nun, wo Sie sich schon solche Mühe gegeben haben, das Mistding zu entkorken, brauchen Sie auch stilvolle Trinkgefäße. Pappbecher, Kaffeetassen oder Biergläser tun es da nicht; sie würden nur

Rehoboam (4,5 l) – sechs Flaschen; für den kleinen Durst zwischendurch

Methusalem (6 l) – acht Flaschen; ideal für die Feier zu einem hundertsten Geburtstag

Salmanasar (9 l) – ein volles Dutzend Flaschen

Balthasar (12 l) – 16 Flaschen; wenn Investmentbanker den Schluss des Arbeitstages feiern

Nebukadnezar (15 l) – 20 Flaschen; als Flasche viel praktischer als ein Träger

den guten Eindruck kaputt machen, den Sie bis hierher gemacht haben. Wenn die Frau (oder der Mann, auch das gibt's) Ihnen irgendetwas bedeutet, sollten Sie schon in zwei elegante Champagnerflöten investieren.

3. Schritt

Im Gegensatz zu Bier braucht Champagner keine »Blume« (Schaumkrone), sondern nur ein paar stilvolle Bläschen. Das Geheimnis liegt darin, die Champagnerflöte zu neigen und nur ein wenig einzuschenken, zunächst nicht mehr als einen Zentimeter. Warten Sie ein paar Sekunden, bis die Bläschen verschwunden sind, und schenken Sie nach, bis das Glas zu zwei Dritteln voll ist. Halten Sie das Glas beim Trinken am Stiel, um den Champagner nicht anzuwärmen, und stellen Sie die Flasche zwischendurch wieder auf Eis. Ach, und versuchen Sie nicht zu rülpsen.

Melchior bzw. Goliath (18 l) – 24 Flaschen; Nachteil: passt nicht mehr durch die Öffnung eines Altglascontainers

Sovereign (26,25 l) – 35 Flaschen; für Russen, die keinen rechten Durst haben

Primat (27 l) – 36 Flaschen; für echte Russen

Melchisedech (30 l) – 40 Flaschen; dieses Trumm kann man ja nicht mal mehr hochheben, geschweige denn öffnen und trinken.

Wie man ... sich als wahrer Gentleman benimmt

Die gute Nachricht für alle Männer lautet, dass man kein feiner Pinkel mehr sein muss, um Gentleman sein zu können. Früher hing ja alles vom Stammbaum, dem Bankkonto und der Familie ab. Heute definiert sich ein Gentleman aber (im Oxford English Dictionary) schlicht als »höflicher oder ehrenhafter Mann«.

Er muss nicht aus einer noblen Familie stammen, und glücklicherweise treiben sich heutzutage derartig viele Flegel in der Gesellschaft herum, dass einen schon ein gelegentlicher Akt der Höflichkeit – insbesondere einer Frau gegenüber – sofort aus der Masse der Ungezogenen heraushebt.

Betrachten Sie die folgenden zehn Regeln nur als Generalhinweise, wie Sie ein besserer Gentleman werden können. Sie bilden lediglich das Fundament; ein wahrer Gentleman zeichnet sich dadurch aus, dass er jederzeit freudig dazulernt. Aber wir haben hier nur begrenzt Platz, also los ...

Gentleman = höflicher oder ehrenhafter Mann

1. Regel: Ein wahrer Gentleman zeigt unerschütterlich Haltung. Äußerlich unbewegt nimmt er jede Überraschung, jeden Schock stoisch hin – sei es eine Pechsträhne beim Pferderennen oder der Verlust seiner gesamten Familie durch einen grotesken Yachtunfall. Die vielfältigen Beschwernisse des Lebens können ihn nicht aus der Bahn werfen.

2. Regel: Ein wahrer Gentleman flucht nie. Er drückt sich gemessen aus und sinkt nie so weit, Gossensprache zu verwenden. Auch wenn das Gespräch immer anzüglicher wird, bewahrt er seine Zurückhaltung. Falls es aus irgendeinem Grund unumgänglich sein sollte, »Mist« oder »verdammt« zu sagen, sieht sich der Gentleman vorher über beide Schultern um, ob auch wirklich keine Dame in Hörweite ist.

3. Regel: Nur absolute Prolls spucken öffentlich auf den Boden. Wenn Sie wirklich Schleim loswerden müssen, husten Sie ihn in ein Taschentuch – ohne ihn vorher mit lauten kehligen schlürfenden Geräuschen gesammelt zu haben! Entsorgen können Sie das Ganze später. Ebenso sollte ein Mann sich natürlich nie erwischen lassen, wie er mit einem Finger in der Nase herumpult … oder seinen Fund öffentlich herumzeigt. Benutzen Sie ein Taschentuch und werfen Sie maximal einen kurzen Blick auf das Ergebnis nach dem Schnäuzen.

4. Regel: Ein Gentleman geht auch wie einer, aufrecht und mit erhobenem Kopf. Schlurfen Sie nicht mit gekrümmtem Rücken und schweren Beinen herum und stolzieren Sie nicht wie ein Dandy. Auf halber Strecke zwischen Höhlenmensch und Dandy befindet sich der Gang, mit dem Sie auf der sicheren Seite sind.

5. Regel: Ein wahrer Gentleman weiß, wie man sich Frauen gegenüber benimmt. Er ist pünktlich und höflich. Er steht auf, wenn eine Frau den Raum betritt, bietet ihr seinen Platz an, hilft ihr in den oder aus dem Mantel, hält ihr Türen auf. Er hält Blickkontakt, lacht höflich über ihre Witze und behandelt sie als gleichwertigen Menschen, auch wenn er ihr den ganzen Abend lang die Drinks bezahlt oder ihr eine Schachtel trägt, die sie zu schwer für sich findet. Auch wenn die Frau sich daneben benimmt und den Herrn ausnutzt – ein Gentleman verzichtet wohlweislich darauf, einer Dame Vorwürfe zu machen.

6. Regel: Ein Gentleman weiß auch, wie man sich beim Dinner in gemischter Gesellschaft benimmt. Der Katalog guter Tischmanieren ist zu umfänglich, als dass man ihn hier vollständig wiedergeben könnte. Daher nur ganz kurz: Ellbogen gehören nicht auf den Tisch, Sprechen mit vollem Mund wird missbilligt, Suppe sollte nicht geschlürft werden. Und wenn ein Gentleman ein Haar im Essen findet, benimmt er sich vorbildlich und lässt es ohne großes Tamtam unter seinem Teller verschwinden, anstatt den Koch anzuklagen, er habe sich am Soufflé sexuell vergangen.

7. Regel: Ein Gentleman lacht nie über das Unglück anderer, außer er sieht im Fernsehen, wie drei Alte in einer Badewanne einen Hügel hinuntersausen.

Dann darf er sich vor Lachen wegwerfen und zeigen, was für einen tollen Sinn für Humor er hat.

8. Regel: Ein Gentleman trägt niemals eine Armbanduhr. Erstens, weil er nie die weniger feinen Stadtviertel betreten würde, in denen es keine öffentlichen Uhren gibt, zweitens, weil er jederzeit seinen Butler nach der Uhrzeit fragen könnte. Diese Regel dürfen Sie als optional betrachten.

9. Regel: Ein wahrer Gentleman schiebt einer Dame niemals ein Furzkissen unter. Diese Regel ist *nicht* optional.

10. Regel: Ein Gentleman ist niemals unbewusst unhöflich oder unangenehm. Wenn er sich unhöflich oder unangenehm verhält, tut er das bewusst – und darf bei diesen Gelegenheiten auch so oft »Mist« oder »verdammt« sagen, wie er will.

Wie man ...
einen Dieb zur Strecke bringt

Wenn Sie einen Dieb zur Strecke bringen, bekommen Sie vom Ladenbesitzer aus Dankbarkeit vielleicht einen Lollipop. Wenn der Dieb es Ihnen leicht machen will, trägt er einen schwarz-weiß gestreiften Pulli und einen Sack, auf dem »Beute« steht. Ihre Aufgabe besteht darin, den Missetäter zu Boden zu werfen und sich auf ihn zu setzen, bis die Polizei endlich kommt. Wie Sie ihn aber am besten zur Strecke bringen, hängt davon ab, von wo aus Sie ihn angreifen.

Angriff von vorn

Wenn der Dieb dumm genug ist, genau auf Sie zuzurennen, mit hoch erhobenem Kopf und ungeschützter Brust, haben Sie es leicht. Ihre Aufgabe besteht darin, ihn mit voller Kraft mit der Schulter in den Magen zu rammen, nach Rugby-Art. Schieben Sie mit aller Kraft aus den Beinen, sobald Ihre Schulter seinen Magen trifft, um maximalen Effekt zu erzielen. Setzen Sie sich dann auf den Dieb, während dieser sich von dem Schlag zu erholen versucht.

Wenn der Dieb den Kopf unten hält und seinen Brustkorb besser schützt, zielen Sie mit der Schulter auf den Bereich zwischen Hüfte und Unterbauch, packen ihn um die Bei-

ne, heben ihn mit durchgestrecktem Rücken an und setzen ihn auf seinen Hintern. Oder Sie entscheiden sich für die sicherere Option, lassen ihn an sich vorbeilaufen und greifen ihn dann von hinten an.

Angriff von hinten

Die sicherste Methode; konzentrieren Sie sich beim Angriff von hinten auf die Oberschenkel des Diebs. Nähern Sie sich ihm zunächst so weit wie möglich. Rammen Sie dann die Schulter in die Rückseite seiner Oberschenkel, sobald Sie in Reichweite sind. Ihr Kopf geht dabei außen am Oberschenkel vorbei. Strecken Sie den Rücken und schlingen Sie beide Arme um ihn. Durch den Aufprall kommt der Dieb ins Straucheln, Sie rutschen an seinen Beinen hinunter, und er geht zu Boden – vorausgesetzt, Sie klammern sich mit ganzer Kraft an seinen Beinen fest.

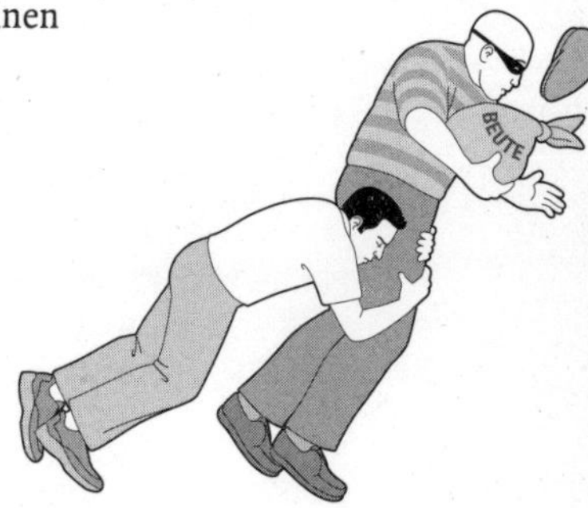

Wichtige Warnung!

Viele Diebe bekommen richtig miese Laune, wenn sie bei der Arbeit gestört werden. Wenden Sie diese Fähigkeit nur nach eigenem Ermessen an, und heulen Sie sich nicht bei uns aus, wenn Ihnen der Dieb den Kopf einschlägt.

Wie man ...
einen Rauchring bläst

Zigaretten zu rauchen wird heutzutage ja gesellschaftlich immer stärker geächtet. Doch der Mann, der lässig Rauchringe zur Decke bläst, während er genüsslich seinen Stumpen pafft, bleibt auf allen Gästelisten ganz oben. Und zu Recht: Es handelt sich um einen weltläufigen Unterhalter, der den Krebs in die Nase zwickt, nur um die anderen Gäste zu amüsieren.

Die Waffe Ihrer Wahl

Wenn Sie solch ein Mann sein wollen, brauchen Sie eine dicke Zigarre. Zwar kann man auch mit Zigarettenrauch Kringel blasen, aber man sieht dabei aus wie die abgerissenen Jungen, die den ganzen Tag an der Bushaltestelle herumlungern. Auch Pfeifen geben genug Rauch für Ringe, sind aber alleiniges Privileg von komischen Käuzen und merkwürdigen Onkeln. Am besten nehmen Sie also eine gute kubanische Zigarre.

Der 08/15-Kringel

Ziehen Sie an der Zigarre, bis der Mund voll Rauch ist. Inhalieren Sie aber nicht, sonst klappt der Trick nicht. Schürzen Sie Ihre Lippen, als wollten Sie »O« sagen. Die Größe dieses »Os« bestimmt die Größe des Rauchrings. Fangen Sie klein an und arbeiten Sie sich später hoch. Spannen Sie die Muskeln in der Kehle an. Jetzt muss die Unterseite Ihrer Zunge den Rauch als Wölkchen aus dem Mund herausdrücken. Alles hängt von der Geschicklichkeit Ihrer Zunge ab; anfangs werden Sie husten und prusten, bis Sie die Kunst beherrschen.

Der Schlüssel liegt darin, die richtige Rauchmenge hinzubekommen. Bei zu wenig Rauch werden die Leute denken, Sie hätten gehustet, wenn Sie hingegen zu viel Rauch ausstoßen, verziehen sich die Leute in eine weniger krebserregende Ecke.

Der Herr der Ringe

Wenn Sie erst ein wenig Übung haben, können Sie ganze Abendgesellschaften mit ihrer Luftverschmutzung unterhalten. Sie wissen schon, dass die Größe des »Os« die Größe des Rings bestimmt, und durch Versuch und Irrtum finden Sie heraus, wie die Geschwindigkeit des ausgestoßenen Rauchstroms auch die Geschwindigkeit des Rauchrings beeinflusst. Geschicktes zügiges Anspannen und Lockern Ihrer Muskeln in der Kehle erlaubt Ihnen, rasch aufeinanderfolgende Ringe zu produzieren.

Größere Ringe bewegen sich langsamer fort, was Ihnen die Zeit gibt, das einfachste Paradestück für Rauchring-Artisten vorzuführen: Schicken Sie mit der 08/15-Methode einen großen Rauchring auf die Reise und schießen Sie dann einen kleineren, schnelleren Ring durch seine Mitte. Wenn Sie das hinbekommen, zeigen Sie ein für alle Mal, dass Rauchen nicht nur cool ist, sondern auch schick.

Wie man ... mit dem Heimlich-Manöver einen Erstickenden rettet

Nichts kann einen netten Abend im Restaurant so sehr verderben wie ein Sitznachbar, der an seinem Essen zu ersticken droht. Verräterische Anzeichen: Er wird bedenklich blau im Gesicht, fummelt verzweifelt an seinem Hals herum und schnappt nach Luft. Diese Symptome deuten darauf hin, dass seine Luftröhre verstopft ist. Wenn Sie jetzt nicht helfen, wird er unweigerlich sterben. Doch keine Panik: Mit dem verlässlichen Heimlich-Handgriff können Sie ihn sicher retten. Trotz seines Namens darf das Heimlich-Manöver übrigens auch in aller Öffentlichkeit durchgeführt werden.

Fordern Sie das Opfer zunächst auf zu husten. Husten allein könnte genügen, das festsitzende Objekt zu lösen. Schlagen Sie das Opfer fünf Mal fest auf den Rücken, wenn es nicht husten kann, und sehen Sie dann in seinem Mund nach, ob sich das Objekt gelöst hat. Falls nicht, muss jemand einen Krankenwagen rufen, während Sie das Heimlich-Manöver durchführen.

1. Schritt: Schlingen Sie die Arme von hinten um die Taille des Opfers. Machen Sie eine Faust und legen Sie sie mit der Daumen-Seite auf den oberen Bauchraum des Opfers, also zwischen Brustkorb und Nabel. Versichern Sie den Umstehenden, dass Sie wissen, was Sie tun, dass Sie das schon früher gemacht hätten und dass es daher keinerlei Grund zur Panik gibt. Es ist sehr wichtig, dass alle die Ruhe bewahren.

2. Schritt: Packen Sie die Faust jetzt mit der anderen Hand und pressen Sie mit einem schnellen, aufwärts gerichteten Stoß auf den Oberbauch des Opfers. Quetschen Sie aber nicht den Brustkorb, damit könnten Sie das Opfer verletzen. Legen Sie also die ganze Kraft des Stoßes in Ihre Hände.

3. Schritt: Im günstigen Fall gibt es keinen 3. Schritt: Was auch immer den Luftweg blockiert hat, sollte inzwischen herausgeschossen sein. (Essen Sie diesen Brocken nicht mehr.) Falls das nicht passiert ist, wiederholen Sie den 2. Schritt, bis das Objekt sich gelöst hat. Wenn das Opfer wieder atmen kann, sich aber nicht sicher ist, ob die Luftröhre wieder vollständig frei ist, sollte es sofort einen Arzt aufsuchen. Teilen Sie dann dem Kellner mit, dass Sie nicht vorhaben, die Rechnung zu bezahlen.

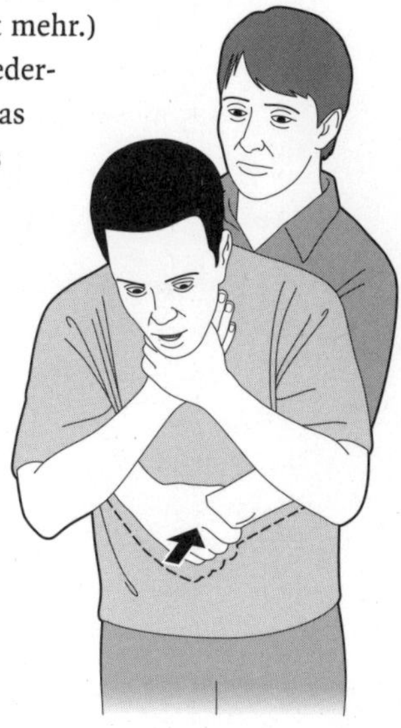

Der gute Doktor

Seit seiner Einführung im Jahr 1974 hat der Handgriff, der nach Dr. Henry J. Heimlich benannt ist, über 50 000 Leuten das Leben gerettet, darunter solchen Erstick-Promis wie Ronald Reagan, Liz Taylor und Carrie Fisher (alias Prinzessin Leia in »Krieg der Sterne«). Darüber hinaus half er, zahllose Haustiere zu retten, die an Nüssen, Hundekeksen o.Ä. zu ersticken drohten. Allerdings ist die Welt geteilter Meinung über die Effektivität des Manövers. In manchen Ländern, darunter Australien, ist es sogar verboten – wegen des Verletzungsrisikos, das selbst besteht, wenn das Manöver korrekt ausgeführt wird. Überwiegend wird das Heimlich-Manöver aber als die beste Methode zur Rettung einer erstickenden Person betrachtet.

Wie man ...
im Gefängnis überlebt

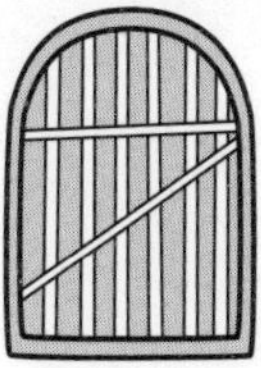

Eine Gefängnisstrafe ist so ziemlich der schlimmstmögliche Fall, aber man weiß ja nie. Sagen wir mal, Sie seien für etwas, das Sie getan oder auch nicht getan haben, zu fünf Jahren Knast verurteilt worden. Sie behaupten, Sie seien reingelegt worden, aber das behaupten Typen wie Sie ja immer.

Jetzt könnten wir Ihnen die ewiggleichen Standard-Ratschläge geben – vermeiden Sie, Schulden bei Mr. Big aufzunehmen, bringen Sie genug Seife an der Schnur mit (die beim Duschen nicht herunterfallen kann), leihen Sie nie einem Crack-Süchtigen einen Mars-Riegel –, und natürlich sind solche Verhaltensregeln auch wertvoll. Aber als Erstverbüßer, der zum ersten Mal eingebuchtet wird, sollten Sie vor allem den Unterschied zwischen Kuchen und Tüten kennen, sonst gelten Sie bald als Eddel.

Analbombe Glücklicherweise nicht so schlimm, wie es klingt; es handelt sich um Betäubungsmittel, die im After eines Gefangenen versteckt sind.

Bellotaufe Mithäftlinge zwingen Sie zu einer Haarwäsche in der Kloschüssel. Droht Ihnen leider, wenn Sie als Neuer in eine Justizvollzugsanstalt einrücken.

Bombe Keine Angst, wenn Sie eine Bombe in der Zelle haben, es handelt sich dabei lediglich um ein 200-Gramm-Glas Nescafé.

Cola Wundern Sie sich nicht über die hohen Cola-Preise hinter Gittern: Gemeint ist Kokain.

Dauerwurst bekommen Klingt attraktiver, als es ist: zu lebenslanger Freiheitsstrafe verurteilt werden.

Eindosen alias einbuchten, einbauen, einbringen. Ein Häftling ist eingeboxt, eingelocht, eingepfercht, ausgebremst, down, drinnen, eingejankert, auf Erholung, in Obhut, auf Schmalz oder – in Österreich – auf Marillenernte.

Feiern Betäubungsmittel konsumieren. Ein Häftling, der turnt, achtet aber genauso wenig auf seine Gesundheit, auch er dröhnt bzw. setzt sich einen Knaller.

Grufti, Aff, Käs ... Schließer. Es gibt zahllose weitere Ausdrücke, die alle eine gewisse negative Färbung zu haben scheinen. Tipp: Verderben Sie sich's nicht mit ihnen.

Harpune Spritze zur Injektion von Betäubungsmitteln; auch Dogge, Eisen, Hammer genannt. Kinder, wir warnen euch eindringlich: Sagt einfach Nein zu Drogen.

Indianer Hüten Sie sich vor einem Indianer, denn es handelt sich um keine edle Rothaut, sondern um eine linke Bazille, die Mitgefangene durch Falschaussagen und untergeschobene Gegenstände belastet.

Jenseitsinspektor alias Knastpope, Himmelskomiker. Beim Anstaltsgeistlichen können Sie sich ausweinen, wenn ein Mitgefangener Ihnen die Nachspeise weggefressen hat.

Kuchen Wundern Sie sich nicht, wenn Ihre Mitgefangenen erstaunlich versessen auf Süßkram zu sein scheinen: Mit Kuchen sind eingeschmuggelte Betäubungsmittel gemeint, keine Erdbeertörtchen.

LLer Falls Sie ein Lebenslänglicher oder Ewiger sind, haben Sie vermutlich nicht nur im Kino geraucht, wie Sie immer behaupten, und werden hinter Gittern viel mehr Knastjargon lernen, als wir hier vorstellen können.

Minna, grüne Mit der grünen Minna oder dem Viehtransporter werden Gefangenentransporte durchgeführt.

Nadeln sich Drogen spritzen ... Wird Ihnen allmählich klar, eine wie wichtige Rolle Drogen hinter Gittern spielen? Wenn Sie Leute für sich einnehmen und begeistern können und Talent zum Verkaufen haben, tun sich ungeahnte Karrierechancen auf ...

Ölen Selbstbehauptung hinter Gittern ist ein schwieriges Thema; einerseits darf man sich nicht alles gefallen lassen, andererseits sollte man sich auch mit keinem Häftling anlegen, sonst besteht Gefahr, dass man geölt, hergerichtet, durchgelassen oder gebürstet wird, was – wie die klügeren Leser inzwischen verstanden haben – kein Ausdruck von Höflichkeit ist, sondern von Aggression: Man wird vermöbelt.

Pendeln Vorbei die glücklichen Zeiten, wo Pendeln die tägliche Fahrt zur Arbeit bedeutete oder aber eine Methode, die Zukunft vorherzusagen. Im

Knast heißt Pendeln, dass Gegenstände mit Hilfe einer Schnur von Fenster zu Fenster an der Außenwand des Unterkunftstrakts entlangtransportiert werden.

Qualm bekommen Nein, das bedeutet nicht, dass Sie erfolgreich eine Zigarette geschnorrt haben, sondern dass der Richter Ihnen eine saftige Freiheitsstrafe aufgebrummt hat.

Radfahrer kein sportlicher Zeitgenosse, der auf die Umwelt achtet, sondern ganz im Gegenteil, ein Häftling, der Mitgefangene verrät.

Schäfchen alias Eddel, Helmträger: naiver Gefangener, der dringend Schutz bei einem wohlwollenden Mithäftling suchen sollte.

Tüte oder Schlaraffia, Aktive: Zigaretten. Marihuanafreunde aufgepasst: Ausgerechnet im Knast, wo Drogen offenbar zu den Grundnahrungsmitteln gehören, ist in einer Tüte nur Tabak, kein Hasch.

Unfall, einen haben Sie wissen es längst: Wenn Sie sich mit dem ungehobelten Kerl von nebenan anlegen, dem so seltsame Linien über das Gesicht laufen, könnten Sie bald einen bedauerlichen Unfall haben.

Vater verblüffend respektvoller Name für den Anstaltsleiter, der auch als Alter, Vorstand, Häuptling bekannt ist. Allerdings muss der Alte nicht notwendigerweise weiße Haare haben oder auf einen Treppenlift angewiesen sein. Wie auch immer: Man fährt sicher gut, wenn man versucht, sich nicht mit ihm anzulegen.

Wegtun, sich flitzen, flüchten, einen Flug reinhauen, die Biege, einen Fisch, die Flatter, den Adler machen, die Kiste öffnen ... wenn die Gefangenen sich lieber Gedanken über kluge Fluchtpläne machen würden, anstatt immer neue Wörter fürs Abhauen zu erfinden, wären unsere Gefängnisse vermutlich halb leer.

X-en eine Sache ausfallen lassen. Anwendungsbeispiel: Diesen Buchstaben hätte man im Knastlexikon genauso gut x-en können.

Yacht im Knast scheinen auch die Träume beschränkter zu werden: Wenn ein Häftling von einer Yacht oder nur einem Moped träumt, denkt er an einen selbst gebauten Tauchsieder. (Mit Yacht und Bombe kann er sich einen eigenen Kaffee machen; der Kinderkaffee oder Muckefuck der Anstalt scheint oft kaum genießbar.)

Zellenfilzung Wenn der Alte endlich Wind davon bekommt, dass Sie inzwischen zum führenden Drogenbaron seiner Anstalt geworden sind, sollten Sie damit rechnen, dass er Ihre Hütte bomben, sprich die Zelle durchsuchen lässt. Vielleicht gibt er aber auch eine private Bestellung auf. Tipp: Machen Sie ihm einen guten Preis.

Wie man … mit einem Stück Schnur angelt

Theoretisch könnte man – nach ausführlicher Einweisung durch zottelbärtige Männer, die in der Wildnis leben und sich komplett von der Natur ernähren – seine Angelschnur auch aus den Fasern zahlreicher Pflanzen herstellen, wie es unsere Vorfahren taten. Knüpfen Sie einen Knochen dran, den Sie scharf angespitzt haben, und schon haben Sie einen akzeptablen Haken und können nach Herzenslust fischen. Leider haben wir hier nicht den Platz, um zu beschreiben, wie man eine Angelschnur herstellt. Nehmen wir also einfach an, Sie säßen am Ufer eines Flusses, hätten ein bisschen Appetit, aber nichts dabei außer einem Stück Schnur und Ihrem Mutterwitz.

Dank der generell guten Wasserqualität in Flüssen kann man hierzulande etliche Arten wohlschmeckender Süßwasserfische fangen – vorausgesetzt allerdings, man hat einen Fischereischein und einen Gewässerschein und es herrscht nicht gerade Schonzeit. Die köstliche Forelle hängt faul in sauerstoffreichen Fließgewässern herum und lässt sich mit der folgenden Technik an den Haken nehmen:

1. Schritt: Halten Sie sich eine Zeit lang in Ufernähe auf und beobachten Sie, was sich im Wasser tut. Sonnenbrillen mit polarisierten Gläsern verhindern, dass die Wasseroberfläche Sie blendet, und erleichtern es Ihnen, einen Fisch zu entdecken. Haben Sie Ihre Sonnenbrille dabei? Nein? Mist! Vergessen Sie das gerade Gesagte und achten Sie darauf, sich möglichst niedrig zu halten und sich – aus der Perspektive des Fischs – nicht deutlich vom Himmel abzuzeichnen. Wenn der Fisch Sie sieht, haut er nämlich garantiert ab. Locken Sie den Fisch mit köstlichem Köder näher – Würmer und Fliegen werden von Fischen gerne gefressen. Nehmen Sie den Köder und führen Sie eine dünne Schnur durch seinen Körper. Verwenden Sie dafür das Taschenmesser (wir wissen, dass Sie eines dabeihaben!) Ziehen Sie dann die Schnur durch einen kleinen Dorn, der unser Behelfshaken sein wird, und fixieren Sie alles mit einem guten Knoten am Ende. Hängen Sie die Schnur ins Wasser und warten Sie ab. Passen Sie auf, dass Ihr Schatten nicht auf das Wasser fällt und den Fisch verscheucht.

2. Schritt: Warten Sie weiter.

3. Schritt: Stellen Sie sich darauf ein, noch ein wenig zu warten – Fische fängt man nur, wenn man unauffällig und geduldig ist.

Wenn endlich ein hungriger Fisch anbeißt, sollte der Haken sich in seinem Mund oder Rachen festsetzen. Der Fisch wird zu fliehen versuchen, die Leine spannt sich. Ziehen Sie ihn jetzt an Land.

Forellen kitzeln

Der Legende zufolge muss man nur lang genug in einem Fluss stehen, bis irgendwann eine Forelle sich zeigt und Ihnen erlaubt, sie am Bauch zu kitzeln. Nach ein paar Minuten kitzeln ist die Forelle vor Wohlbehagen eingeschlafen. Dann packen Sie sie und werfen sie in die bereitstehende Pfanne. Leider geht es in Wirklichkeit weniger spektakulär zu: Um eine Forelle mit nackten Händen zu fangen, müssen Sie am Ufer eines flachen, schnell fließenden Bachs oder Flusses lauern.* Tasten Sie sachte in den Steinen und Felsen herum, in denen Forellen gern herumhängen, bis Sie auf etwas Glitschiges stoßen. Das sollte der Fisch sein, auf den Sie gehofft haben. Handeln Sie jetzt rasch: Packen Sie ihn flink um den Unterbauch und werfen Sie ihn an Land, bevor er flussabwärts verschwinden kann. Wenn er erst mal auf dem Trockenen ist, können Sie ihn kitzeln, so viel Sie wollen.

* Auch wenn Sie nicht im eigentlichen Wortsinn angeln, brauchen Sie selbst für diesen Fall eine Erlaubnis, in diesem Gewässer zu fischen.

Eine Alternativmethode

Wenn Ihre Schnur besonders fasrig ist, könnten Sie Aale statt Forellen zu fangen versuchen. Früher banden Berufsangler einen Haufen Würmer an das Ende der Angelschnur und warteten dann, bis ein Aal den Köder schluckte. Die feinen Fasern der Schnur bleiben sehr leicht an den Zähnen des Aals hängen, der sich nicht mehr befreien kann, egal, wie sehr er auch zappelt.

Noch eine Alternativmethode

Wenn Sie nur einen Faden oder eine dünne Schnur haben und keinen Köder, könnten Sie immer noch eine Schlinge in den Faden machen (einen Slipstek), ins Wasser hängen und abwarten, bis der Fisch in seine Nähe treibt. Ohne Köder kann sich das aber ewig hinziehen; gut möglich, dass Sie ein Nickerchen halten können, bevor sich nur das Geringste tut. Wenn nun aber tatsächlich ein Fisch in Reichweite gelangen sollte, manövrieren Sie die Schlinge sachte über seine Schwanzflosse oder um die Kiemen. Ziehen Sie sie rasch fest und holen Sie den Fisch an Land. Diese Methode eignet sich auch zum Fangen kleinerer Vögel, aber die schmecken nicht so gut.

Wie man … einen Ertrinkenden rettet

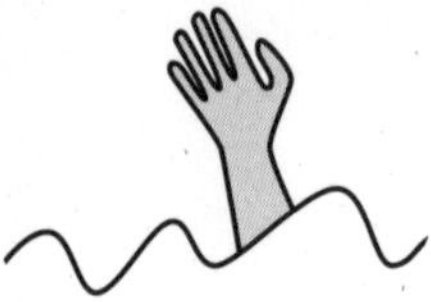

In einem solchen Notfall müssen Sie schnell handeln – dennoch müssen Sie zuerst die Gefahr abwägen, in die Sie sich als Möchtegern-Held selbst begeben. Vielleicht rät Ihnen Ihr Instinkt, sich kopfüber in die Fluten zu stürzen und den um sich schlagenden Ertrinkenden zu retten. Doch das wäre ein wenig voreilig; Sie könnten Ihr eigenes Leben riskieren.

Warnung: Gehen Sie nur ins Wasser, wenn Ihnen nichts anderes mehr übrig bleibt

Halten Sie dem Ertrinkenden einen Stock oder eine Stange hin, wenn etwas dieser Art greifbar ist, und ziehen Sie ihn damit in Sicherheit. Wenn jemand so aufmerksam war, in der Nähe einen Rettungsring mit Leine daran aufzuhängen, werfen Sie dem Ertrinkenden diesen zu und ziehen ihn mit der Leine an Land. Vergewissern Sie sich aber in beiden Fällen, dass Sie selbst sicher an Land stehen; andernfalls laufen Sie Gefahr, ins Wasser gerissen zu werden. Im günstigsten Fall ist ein Boot zur Hand: Dann rudern Sie zum Ertrinkenden hinaus, anstatt mit Stange oder Rettungsring zu hantieren.

Ist nun weder Stange, Rettungsring noch Boot zur Hand, bleibt nur übrig, sich ins Wasser zu begeben – aber nur, wenn Sie ausgebildeter Rettungsschwimmer sind! Andernfalls können Sie nichts für den Ertrinkenden tun, außer den Notruf zu wählen (112) und abzuwarten. Wenn Sie kein ausgebildeter Lebensretter sind, sollten Sie unter keinen Umständen ins Wasser springen, auch wenn der Ertrinkende ein Familienmitglied ist oder ein enger Freund, der Ihnen Geld schuldet.

Die Gefahr besteht darin, dass Ertrinkende in ihrem panischen Versuch, über Wasser zu bleiben, oft den Retter unter Wasser ziehen und damit egoistischerweise zwei Leben in Gefahr bringen. Ein ausgebildeter Rettungsschwimmer weiß, dass er unbedingt mit dem Opfer reden muss, während er sich annähert, und ihm verständlich machen muss, dass er es zurück an Land bringt. Dann beruhigt sich das Opfer, und der Retter kann ihm von hinten über die Brust greifen. Er kann das Opfer anweisen, sich zu entspannen und sich auf dem Rücken treiben zu lassen. Das ermöglicht dem Retter, mit seinem freien Arm Schwimmbewegungen zu machen und das Opfer in Sicherheit zu bringen.

Wenn das Opfer in seiner Panik den ausgebildeten Helden nach unten drückt, wird dieser von sich aus weiter abtauchen – denn das Opfer wird den Retter dann loslassen, um sich wieder zur Oberfläche zu kämpfen. Zurück an Land weiß der ausgebildete Lebensretter, wie er die Atemwege, die Atmung und den Kreislauf des Opfers überprüft und, falls nötig, Mund-zu-Mund-Beatmung durchführt. Er weiß ebenfalls, dass er das Opfer mit größtmöglicher Vorsicht behandeln muss, um Verletzungen, die es bereits erlitten hat, nicht zu verschlimmern.

Das würde also ein Lebensretter tun. Sie aber sind kein ausgebildeter Rettungsschwimmer und sollten hilflos am Ufer stehen bleiben und zusehen, wie das Opfer absäuft.

Warnung:

Die obigen Instruktionen gelten für relativ stille Gewässer, nicht für Abschnitte mit gefährlichen Unterströmungen. Es ist riskant, ins Wasser zu springen; Sie könnten Ihr Leben verlieren. Dieses Buch kann Ihnen das nicht raten, auch wenn ein Rechtsanwalt bemerken würde, dass wir bereits mehrmals davor gewarnt haben, sich ins Wasser zu stürzen, wenn Sie nicht wissen, was Sie tun.

Wie man ... einen Baumstamm wirft

Schon seit Jahrhunderten werfen behaarte Kraftprotze Baumstämme in der Gegend herum, oft im Krieg, wenn es gilt, Befestigungen des Feindes einzureißen oder Behelfsbrücken zu bauen, indem man Stämme über den Fluss wirft. Erst in jüngerer Zeit haben in Schottland Männer in Röcken angefangen, rein aus Spaß Baumstämme in der Gegend herumzuwerfen. Noch erstaunlicher: Das Spektakel wurde so populär, dass inzwischen auch bei uns Baumwurfwettbewerbe stattfinden.

Halten Sie Maß

Baumwurf-Profis werfen in der Regel Stämme von sechs Metern Länge und einem Gewicht von 35 bis 60 Kilo. Das dürfte Ihre Fähigkeiten fast sicher deutlich übersteigen. Versuchen Sie sich deshalb an einer abgespeckten Version, sonst verletzen Sie sich noch. Nehmen Sie einen leichteren und kürzeren Stamm, den können Sie besser kontrollieren. Beachten Sie aber zuerst Folgendes:

Es kommt nicht auf die Weite an

Die Noten beim Stammwerfen werden für Technik und die Landung vergeben. Gute Noten bekommen Sie, wenn der Stamm sich in der Luft um 180 Grad dreht, mit dem Ende, das beim Abwurf oben war, auf der Erde aufkommt und dann genau von Ihnen wegfällt. Profis nennen das die 12-Uhr-Position. Bei Wettbewerben ist 12 das Erstrebenswerteste, 11 ist besser als 9 und 1 ist besser als 3. Wenn der Baumstamm direkt auf Sie zu kippt, müssen Sie sich in Sicherheit bringen und einen entsprechenden Punktabzug einplanen – nach vorne fallende Stämme bekommen immer bessere Wertungen als nach hinten kippende. Aber ich greife vor. Erst müssen Sie die Wurftechnik beherrschen.

Die Wurftechnik

Nehmen Sie die korrekte männliche Haltung ein: Hacken zusammen, Zehen nach außen, das dünne Ende des Stamms flach am Boden zwischen Ihren Füßen. Der Stamm weist nach vorn und Ihr Gesicht die Zeichen milder Angst auf. Das Ende des Stamms wird hochgehoben und zu Ihnen hergebracht, bis Ihnen der Stamm senkrecht ins Auge schaut. Jetzt ist es vermutlich zu spät, sich noch ehrenvoll zurückzuziehen.

1. Schritt: Ausgebuffte Profis haben ihre Hände zuvor mit »tacky« eingerieben, einer klebrigen, sirupähnlichen Paste aus Harz und Terpentin. Sie verhindert, dass die Hände vom Stamm abrutschen. Ohne »tacky« treibt das Gewicht des Stamms Ihre Hände sicher auseinander, und der Stamm fällt Ihnen auf die Füße.

2. Schritt: Verzahnen Sie also die klebrigen Finger beider Hände, beugen Sie die Knie und packen Sie den Stamm. Bringen Sie möglichst viel Ihrer Handflächen um die Basis des Stamms, halten Sie ihn gut fest und stehen Sie auf. Tun Sie das langsam und heben Sie aus den Beinen heraus, nicht mit den Armen. Den Stamm müssten Sie einigermaßen problemlos hochheben können, aber dann wird's schwierig.

3. Schritt: Der Stamm steht nun senkrecht und lehnt an Ihrer stärkeren Schulter. Die Schlacht ist schon halb gewonnen, wenn Sie das Ding stabilisiert haben. Rechnen Sie damit, mehrere Minuten wie ein Besoffener herumzutorkeln, bis Sie den Stamm voll unter Kontrolle haben. Erst dann sind Sie bereit dafür, ihn auch zu werfen.

4. Schritt: Es gibt verschiedene Wurftechniken. Manche Leute nehmen lang Anlauf, andere nur ein paar Schritte – tun Sie, was Ihnen am ehesten entgegenkommt. Egal, welchen Ansatz Sie gewählt haben: Versuchen Sie, die letzten Schritte zu laufen, um Schwung zu holen. Drücken Sie den Stamm mit der Schulter nach vorn, sobald Sie sich der Abwurflinie nähern, bis der Stamm den besten Abwurfwinkel erreicht. (Dieser muss zwischen mindestens 45 Grad und höchstens 75 Grad liegen.) Drücken Sie dann mit Händen und Armen vorwärts und aufwärts und geben Sie dem Stamm so viel Schub mit wie möglich.

Beobachten Sie nun stolz, wie der Stamm einen Bogen von Ihnen weg beschreibt – oder laufen Sie schreiend davon, weil der Stamm in Ihre Richtung zurück stürzt.

Warnung für Nachwuchs-Schotten!

Erfahrene Baumwerfer raten dringend, sich nur an diesem Sport zu versuchen, wenn man in »guter körperlicher Verfassung« ist. Andernfalls riskiert man, sich eine schmerzhafte Zerrung oder Schlimmeres zu holen. Fragen Sie einen Fitnesstrainer, was unter »guter körperlicher Verfassung« zu verstehen ist. Und sagen Sie ihm, dass Sie an den Beinmuskeln arbeiten wollen. Denn dort holen Sie Ihre Wurfkraft hauptsächlich heraus.

Der seltsame Zauber der Highland Games

Wo sonst könnten die Highland Games entstanden sein als in Schottland, dem Land der jaulenden Dudelsäcke und Haggis, dem gefüllten Schafsmagen? Die Teilnehmer messen sich in über 30, zumeist höchst wunderlichen Sportarten, von denen Baumstammwerfen (»caber tossing«) wohl die merkwürdigste ist. Inzwischen gibt es auch auf Gotland in Schweden, aber selbst in Deutschland und Österreich Highland Games. Es kann also nicht mehr lang dauern, bis Baumstammwerfen olympische Disziplin wird.

Wie man ... ein Kind zur Welt bringt

Offensichtlich sollten Sie nur im äußersten Notfall allein versuchen, ein Baby auf die Welt zu bringen. Wichtiger Rechtshinweis: Eine sogenannte »Alleingeburt«, also das Gebären ohne professionelle Hilfe, ist zwar in Deutschland – im Gegensatz zu Österreich – legal, aber wenn das Kind bei der Geburt Schäden erleidet, die eine professionelle Hebamme hätte verhindern können, macht die Mutter sich unter Umständen der fahrlässigen Körperverletzung oder gar der fahrlässigen Tötung schuldig. Wenn Sie hoffen, mit dem hier Erlernten ein lukratives Geburtshelfer-Geschäft aufziehen zu können, haben Sie sich übrigens geschnitten: Bevor Sie als Hebamme – oder in Ihrem Fall als »Entbindungspfleger« (das ist die männliche Form der Berufsbezeichnung) – arbeiten dürfen, müssen Sie eine mehrjährige Ausbildung erfolgreich abgeschlossen haben.

Also noch mal: Die folgenden Anweisungen sind nur für den äußersten Notfall gedacht, und hoffentlich benötigen Sie die glorreichen Kenntnisse nie, die wir Ihnen im Folgenden vermitteln. Sollte es aber wirklich einmal so weit kommen, machen Sie sich keine Sorgen; letztlich besteht Ihre Aufgabe darin, etwas Glitschiges aufzufangen und abzutrocknen. Krankenhaus-Geburten haben sich erst in den letzten hundert Jahren eingebürgert und sind medizinisch gesehen eigentlich nicht notwendig. Früher brachten Frauen ihre Neugeborenen ohne größere Probleme in Feldern, Kuhställen und mistgefüllten Gräben zur Welt. Worauf ich hier hinauswill: Eine Geburt ist etwas ganz Natürliches, nichts, vor dem man Angst haben müsste.

Jetzt also die Methode

Die Wehen haben eingesetzt, es ist nicht mehr möglich, die werdende Mutter ins Krankenhaus zu schaffen, also müssen Sie einspringen und das Baby zur Welt bringen helfen.

1. Schritt: Glücklicherweise erledigen die Mütter den Großteil der Arbeit, Sie müssen nur zur Stelle sein, um die Gebärende anzuspornen, ihr gut zuzureden und sie zu beruhigen, wenn sie nervös wird. Versichern Sie ihr, alles werde gut, sie sei in guten Händen, schließlich würden Sie sich dank des Buchs, das sie Ihnen zu Weihnachten geschenkt hat, mit solchen Dingen auskennen. Rufen Sie dann Hebamme bzw. Entbindungspfleger und einen Krankenwagen – in der Reihenfolge.

2. Schritt: Sorgen Sie dafür, dass die Gebärende bequem auf Händen und Knien ruht, nahe am Boden und nach vorne geneigt. So kann das Baby auf natürliche Weise durch das Becken gelangen. Egal, was Sie in Ihrer Lieblings-Krankenhausserie im Fernsehen gesehen haben – die Frau sollte nicht auf ihrem Rücken im Bett liegen! Diese Stellung ist nur günstig für den Arzt, der so besser sieht – außerdem ist der Anblick, wie eine Frau mit ihrem Hintern in der Luft gebärt, nicht so fernsehfreundlich.

Fordern Sie sie nicht auf zu pressen. Frauen sind in der Regel recht geschickt darin, Kinder in die Welt zu setzen, und ihr Körper verrät ihnen schon, wann und wie sie atmen sollen. Wenn Sie sie herumkommandieren wie ein wild gewordener Feldwebel, fühlen Sie sich vielleicht besser, weil sie wenigstens etwas getan haben, aber geholfen ist damit niemand.

3. Schritt: Kontrollieren Sie, ob man den Kopf des Babys schon sehen kann. Falls nicht, machen Sie weiter wie bisher, reden Sie der Frau gut zu und schauen Sie ab und zu auf Ihre Uhr, wo denn die Hebamme bleibt.

Sagen Sie der werdenden Mutter, wenn Sie den Kopf sehen können. Warten Sie, bis die Schultern zum Vorschein kommen, stützen Sie dann den Kopf mit den Händen und führen Sie das Baby endlich sanft zum Boden. Reißen Sie es aber nicht heraus, Sie ungeduldiger Klotz! Das Baby kommt von selbst schnell genug.

4. Schritt: Sobald Babys kalte Luft spüren, holen Sie tief Luft und schreien – zumindest 99 Prozent von ihnen.

Wenn das Neugeborene nicht von selbst zu atmen beginnt, braucht es eine leichte Belebung. Das klingt jetzt aber dramatischer, als es ist. Nehmen Sie einfach ein Handtuch und trocknen Sie es ab, vom Kopf abwärts. (Passen Sie an der weichen Stelle der Schädeldecke, der Fontanelle, besonders auf.) Das Abreiben wärmt und stimuliert das Baby, woraufhin es einatmen und deutlich vernehmbar die Lungentätigkeit aufnehmen wird.

5. Schritt: Aufmerksame Männer werden möglicherweise bemerken, dass das Baby noch über die Nabelschnur mit der Mutter verbunden ist. Das kann auch gefahrlos noch wochenlang so bleiben, falls nötig. Es besteht also überhaupt keine Eile, sie zu durchtrennen – zumal Sie ja keinen Schimmer haben, was Sie da tun. Überlassen Sie das der Hebamme, die kennt sich mit so etwas aus.

6. Schritt: Hüllen Sie das Neugeborene in ein trockenes Handtuch und reichen Sie es der verschwitzten, erhitzten, überglücklichen Mutter. Tun Sie Ihren Beitrag als selbstverständlich ab und begrüßen Sie dann den neuen Erdenbürger mit einem steifen Drink.

Wie man …
ein Baby richtig hält

Mit »richtig« meinen wir hier, dass man auf das verletzliche kleine Köpfchen aufpasst und den Nacken stützt. Die gute Nachricht ist, dass Babys mit einem gewitzten Alarmsystem geliefert werden, das anzeigt, ob Sie sie richtig halten. Die schlechte Nachricht: Solange Sie es falsch halten, wird die Alarmsirene heulen, bis Ihnen die Ohren bluten.

Tatsache ist, dass es keine gute oder schlechte Art gibt, ein Neugeborenes zu halten, und keine Spezialtechnik, die nur Mütter beherrschen. Gehen Sie nach der Methode Versuch und Irrtum vor und verändern Sie die Position des Babys so lange, bis es sich wohlfühlt. Das erkennen Sie daran, dass es zu brüllen aufhört und stattdessen anfängt, Ihr Hemd vollzusabbern. Um sich besserwisserische Kommentare von Frauen zu ersparen, die Ihr ungeschicktes Herumgewurstel beobachten, sollten Sie sich folgende idiotensichere Methode einprägen:

Nehmen Sie das liegende Baby auf und legen Sie es mit dem Bauch an Ihre Brust. Der Kopf liegt dabei zur Seite gedreht. Stützen Sie seinen Hintern mit Hand und Unterarm; mit diesem Arm tragen Sie sein Gewicht. Mit der anderen Hand stützen Sie seinen Rücken, Hals und Kopf.

Das einzige unumstößliche Gesetz beim Halten von Babys lautet: Stützen Sie den ganzen Körper, insbesondere Hals und Kopf, denn das Baby verfügt noch nicht über die notwendige Kraft oder Körperbeherrschung, um das selbst zu tun.

Richtig gut halten Sie ein Baby, wenn Sie beide sich wohlfühlen – aber das Wohlbefinden des Babys ist viel wichtiger als Ihre Bequemlichkeit: Wenn ihm was nicht passt, wird es brüllen, bis es kotzt.

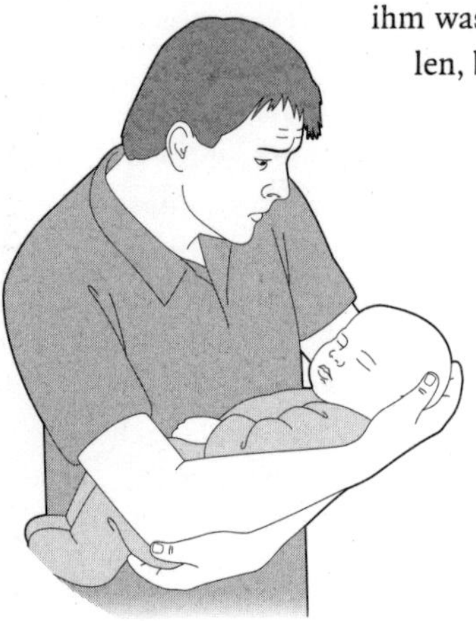

Dieser Mann weiß, dass es vor allem darauf ankommt, den Kopf des Babys zu stützen.

Wie man ...
als Weinkenner durchgeht

Mit »Weinkenner« meinen wir hier einen Typ Mann, der im Restaurant eine halbwegs anständige Flasche Wein bestellen kann, ohne wie ein aufgeblasener Angeber zu wirken. Egal, ob es sich um eine erste Verabredung, ein wichtiges Geschäftsessen mit Anzugträgern oder um einen Versuch handelt, kritische Schwiegerleute für sich zu gewinnen, die Sie vielleicht für einen hoffnungslosen Fall halten: Beachten Sie die folgenden zehn Grundregeln und Sie können nicht danebenliegen. Oder zumindest nicht allzu weit daneben ...

Grundregeln

1. Regel: Bitten Sie nie den Weinkellner um eine Empfehlung. Woher sollten Sie wissen, ob der Kerl irgendeine Ahnung hat? Außerdem wird er tendenziell versuchen, Ihnen eine teure Flasche aufzuschwatzen. Entscheiden Sie also allein.

2. Regel: Lassen Sie sich bei der Auswahl nicht unter Zeitdruck setzen. Wenn Sie sich vom Weinkellner bedrängt fühlen, stellen Sie einfach Augenkontakt her und sagen Sie selbstbewusst: »Vielen Dank, aber wir brauchen noch eine Minute.« Lassen Sie sich nie dazu drängen, einen Wein zu wählen, der Ihnen zu teuer ist oder bei dem Sie sich nicht sicher sind.

3. Regel: Achten Sie auf Rebsorten und Herkunftsländer. Gewitzte Winzer verkaufen Restaurant-Weine mit anderem Etikett, damit Sie nicht merken, dass Sie den gleichen Wein bestellen, den Sie für 4,99 Euro im Supermarkt bekommen. Merken Sie sich also, welche Rebsorten und welche Weinregionen Ihnen zusagen, anstatt nur auf das hübsche Etikett zu achten. Dann erkennen Sie auf der Weinkarte eines Restaurants auch Ihre bevorzugte Dröhnung.

4. Regel: Bei Weißweinen gilt, je jünger, desto besser. Weißweine schmecken in der Regel am besten, wenn sie etwa zwei Jahre alt sind. Ältere Weißweine haben fast unweigerlich von ihrem fruchtigen Pep eingebüßt. Rotweine dürfen ein Jahr älter sein; sie altern ein bisschen besser. Merken Sie sich: Billige Weine werden schlechter, wenn sie altern, teure Weine gewinnen hinzu.

5. Regel: Billiger heißt nicht notwendigerweise schlechter. Oft sind billigere Weine einfach nicht so gefragt. Ein Sauvignon aus Südafrika ist deutlich billiger als einer aus Neuseeland, einfach weil er nicht so »angesagt« ist. Schmecken tun beide gleich gut.

6. Regel: Zu Fisch aller Art ist man mit Weißweinen und den meisten günstigen Rotweinen aus der Neuen Welt – zum Beispiel aus Argentinien, Australien und Neuseeland – auf der sicheren Seite. Vermeiden Sie Rotweine mit viel Tannin, da es in Verbindung mit Fisch metallisch schmeckt, und wer isst schon gerne Blech?

7. Regel: Zu kalter Weißwein schmeckt nach nichts mehr. Sie erkennen zu kalten Wein am Eis, das sich am Glas bildet. Abhilfe schaffen Sie, indem Sie den Weinkellner bitten, die Flasche aus dem Eiskübel zu nehmen und sie sich in … äh, und abzuwarten, bis der Wein wärmer geworden ist. Allein aus diesem Grund sollte man Wein immer probieren, bevor man isst (siehe unten). Schicken Sie das Essen mit verachtungsvollem Blick zurück, wenn es vor dem Wein kommt.

8. Regel: Akzeptieren Sie nie einen Wein, den Sie nicht probiert haben. Bestehen Sie darauf, dass die Flasche vor Ihren Augen geöffnet wird, um sicherzugehen, dass es sich auch um den Wein handelt, den Sie bestellt haben. Wenn der Weinkellner vor Ihren Augen eine falsche Flasche öffnet, liegt die Schuld bei Ihnen, nicht bei ihm. Und wenn der eben geöffnete Wein zwar nicht zu beanstanden ist, Ihnen aber nicht schmeckt, haben Sie halt schlecht gewählt. Akzeptieren Sie den Wein und lernen Sie daraus für das nächste Mal.

9. Regel: Schicken Sie schlechten Wein zurück. Reklamieren Sie sofort, wenn ein Wein oxidiert ist (er ist alt, braun und schmeckt äußerst fade) oder korkt (muffig, modrig schmeckt). Leider tritt insbesondere das Problem, dass Weine korken, immer noch recht häufig auf; über kurz oder lang werden auch Sie mal einen korkigen Wein serviert bekommen. Mittlerweile haben viele Weine des mittleren Preissegments einen Kunststoffkorken. Dennoch müssen auch diese Weine probiert werden; vielleicht ist der Wein ja anderweitig verdorben.

10. Regel: Bestellen Sie Champagner. Wenn es Ihnen allein darauf ankommt, Ihre Begleiterin zu beeindrucken, sollten Sie gleich Champagner ordern. Gewiss, Schaumwein aus Neuseeland ist viel billiger, oft besser und nach genau der gleichen Methode hergestellt, aber nichts beeindruckt manche oberflächlichen Frauen mehr als eine Flasche überteuerten Champagners (siehe auch Seite 74 *Wie man eine Champagnerflasche öffnet*).

Wie man ...

ein Auto mit der Handbremse wendet

Wenn ein einfaches Wenden in drei Zügen schlicht nicht infrage kommt, können Sie immer noch den Stunt-Fahrer in sich von der Leine lassen und eine flotte Wende mithilfe der Handbremse hinlegen. Das lässt sich relativ leicht erlernen:

Sie benötigen:

* ein geeignetes Auto, vorzugsweise ein Modell mit Vorderradantrieb, Kick unter der Motorhaube und einer klassischen Handbremse mit Hebel und Druckknopf. Wenn Ihre Handbremse an den Vorderrädern zieht, brauchen Sie ein anderes Auto für den Stunt.

* viel Platz, am besten in einem ruhigen, unbewohnten Gebiet, wo Sie sich austoben können. Eine feuchte Oberfläche oder ein kiesiger Untergrund erleichtern die Wende per Handbremse und verringern den Abrieb der Reifen – obwohl solche Details einen Cockpit-Helden wie Sie wohl nur wenig kümmern.

* ein johlendes Publikum, das grün-blaue Kinder-Alkopops trinkt, gern die Kapuze über den Kopf

gezogen hat und zu viele Tattoos hat. Denn warum sollten Sie einen tollen Stunt hinlegen, wenn keiner zusieht?

Fahren Sie mit einer gemächlichen Geschwindigkeit von 45 bis 55 Stundenkilometern an – wenn Sie langsamer sind, müssen Sie kämpfen, um die Wende um volle 180 Grad hinzubekommen, wenn Sie schneller sind, riskieren Sie, vor lauter Schwung nach der Wende rückwärts zu fahren. Dafür gibt es Punktabzug.

Sie fahren im zweiten Gang, die dominante Hand liegt so am Lenkrad, dass Sie es um eine volle Drehung einschlagen können. Wo genau Sie die Hand platzieren sollten, hängt davon ab, wie herum Sie schleudern wollen. Wenn Sie sich im Uhrzeigersinn drehen wollen, legen Sie die rechte Hand auf die linke Seite des Lenkrads, etwa auf 7-Uhr-Stellung. Wollen sie gegen den Uhrzeigersinn schleudern, legen Sie die linke Hand auf die rechte Seite des Lenkrads, etwa auf die 5-Uhr-Position. Jetzt sind Sie bereit für Ihren Stunt. So läuft er ab:

1. Schritt: Greifen Sie die Handbremse, halten Sie den Knopf fest gedrückt, aber ziehen Sie sie noch nicht.

2. Schritt: Nehmen Sie den Fuß vom Gas und steigen Sie auf die Kupplung (bleiben Sie auf der Kupplung, bis das Auto wieder steht).

3. Schritt: Schlagen Sie das Steuer scharf ein, mindestens eine halbe Umdrehung in die gewünschte

Richtung. Die Geschwindigkeit ist hier entscheidend, also kurbeln Sie mal!

4. Schritt: Ziehen Sie die Handbremse nur Sekundenbruchteile nach dem Einschlagen. Sie sollten jetzt spüren, wie die Hinterräder blockieren und das Heck in »kontrolliertem Übersteuern« auszubrechen beginnt.

5. Schritt: Sie und Ihr Auto sollten sich jetzt drehen. Drehen Sie das Lenkrad jetzt in eine neutrale Position zurück, und zwar allmählich, sodass die Lenkung genau wieder auf geradeaus steht, wenn die Wende vollzogen ist. Den Zeitpunkt, wann Sie die Handbremse wieder lösen müssen, finden Sie durch Üben heraus. Lösen Sie sie zu früh, wird die Wende nicht vollständig, lösen Sie sie zu spät, drehen Sie sich zu weit. Hier spielen so komplexe Faktoren wie Fahrzeuggewicht, Geschwindigkeit und Fahrbahnbeschaffenheit eine Rolle, dass man nur eines sagen kann: Finden Sie es selbst heraus.

6. Schritt: Steigen Sie auf die Fußbremse, wenn Sie fürchten, das Auto könnte zu viel Schwung haben und nach der Wende rückwärts fahren. Wenn alles nach Plan gelaufen ist, sollten Sie jetzt genau in die Richtung sehen, aus der Sie kamen. Wenn Ihr Stunt aber schwer danebengegangen ist und das Auto auf dem Dach oder auf der Seite liegt oder sich nicht weit genug gedreht hat, müssen Sie selbst entscheiden, ob Sie es für wert befinden, noch weiter zu üben.

Wie man ...
eine verschlossene Tür aufbricht

Bevor uns hier die Polizei auf den Pelz rückt, möchten wir betonen, dass es in diesem Abschnitt allein darum geht, wie man in Notfällen eine verschlossene Tür aufbekommt. Also Fällen wie: Es brennt, und Sie müssen flüchten. Oder: Sie fürchten, dass jemand auf der anderen Seite der Tür dringend ärztliche Hilfe braucht. Solche Fälle halt.

Keinesfalls sollten diese Tipps für Einbrüche missbraucht werden. Denn erstens ist Einbrechen illegal und zweitens wird bei unserer Methode die Tür mit einem gewaltigen Fußtritt aufgesprengt. Sie veranstalten also einen Riesenradau und wecken mit Sicherheit so ziemlich alle Nachbarn. Als Einbrecher sind Sie vermutlich besser dran, wenn Sie warten, bis es Nacht wird, und dann das Schloss knacken.

Die Methode

Im Fernsehen würde der Kommissar auf die Tür zu rennen, sie mit der Schulter voraus rammen und in null Komma nichts durch sein, auch wenn er ein übergewichtiger Schreibtischhengst ist, der schon beim Treppensteigen außer Atem gerät. Klar, wenn die Masse stimmt, wie etwa beim »Bullen von Tölz«, kann diese Methode auch funktionieren, aber nur bei ausgebildeten Profis. Der Amateur wird sich mit großer Wahrscheinlichkeit die Schulter verrenken. Außerdem trägt ihn sein eigener Schwung mitten in den dahinter liegenden Raum – wenn es dort brennt, taumeln Sie vielleicht in die Flammen und werden knackig braun gebraten.

Die sicherere Methode besteht darin, mit dem Fuß gegen den schwächsten Punkt der Tür zu treten. Der befindet sich an der Seite mit dem Schloss (zu erkennen am Schlüsselloch). Treten Sie mit aller Kraft, die Sie aufbringen können, in den Bereich des Schlosses. Zielen Sie aber auf eine Fläche neben dem Schloss, außer Sie ruinieren sich gern den Fuß.

Versuchen Sie, mit der ganzen Sohle aufzutreffen und möglichst viel Gewicht in den Tritt zu legen. (Sie versuchen sich also an einer erbärmlichen Kopie eines Karate-Kicks.) Setzen Sie den Fuß fest auf, legen Sie Ihr ganzes Gewicht in die Sohle ... Das Holz sollte jetzt brechen und die Tür freigeben. Falls nicht, treten Sie noch mal zu. Und noch mal. Und gegebenenfalls noch mal. Besonders bei stabileren Eingangstüren wird das vermutlich nötig sein. Aber irgendwann kommen Sie durch und wenden die Gefahr ab.

Wie man ... einen breiten Krawattenknoten bindet

Bei formellen Anlässen – Interviews, Empfängen des Bundespräsidenten und besonders bei Hochzeiten – verrät ein erbsengroßer Krawattenknoten Sie als watschelnden Landstreicher, als einen Typ Mann, der später am Abend unweigerlich anfängt, üble Zoten zu erzählen.

Der dicke Windsor-Knoten ist im Gegensatz dazu die Wahl des Lässig-eleganten. Dieser Knoten strahlt höchstes Selbstbewusstsein aus. An ihm kann man, nach Ansicht des fiktionalen Frauenhelden James Bond, oft einen Schurken erkennen. Wir nehmen das jetzt mal als Lob. Der Windsor-Knoten ist darüber hinaus zum Zeitpunkt der Drucklegung der Lieblingsknoten der englischen Profi-Fußballer – was zumindest belegt, wie idiotensicher der Knoten zu binden sein muss.

Wenn Sie nun bereit sind, schlagen Sie den Kragen Ihres Hemdes hoch und fangen Sie an ...

1. Schritt: Das breite Ende sollte 30 cm länger als das schmale Ende sein und an der linken Seite Ihrer Brust herunterhängen. Legen Sie das dicke Ende über das dünne, ziehen Sie es durch die Schlaufe zwischen Kragen und Krawatte und lassen Sie es wieder vorn herunterhängen.

2. Schritt: Ziehen Sie nach rechts, sodass das dicke Ende über Ihren linken Zeigefinger geht (der den wachsenden Knoten zusammenhält), wickeln Sie es hinter der Hand herum und ziehen Sie es nach links. Die Unterseite der Krawatte sieht jetzt nach vorn.

1
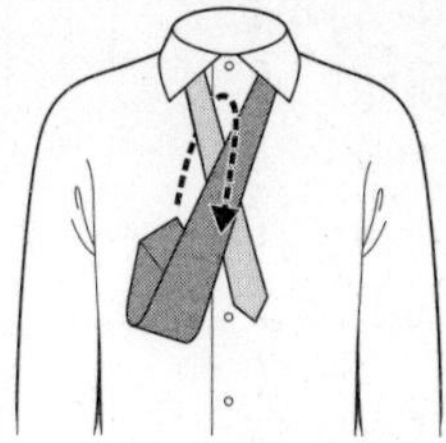

3. Schritt: Holen Sie das dicke Ende jetzt wieder über die Vorderseite des Knotens. Jetzt sollte er über den Mittelfinger der linken Hand laufen. Fädeln Sie es von unten durch die Schlaufe am Hals und dann vorn durch den fast fertigen Knoten nach unten.

2

4. Schritt: Ziehen Sie den Knoten vorsichtig fest und an den Hals. Vergewissern Sie sich, dass er gerade hängt. Klappen Sie den Kragen wieder nach unten, legen Sie ein paar Tropfen Eau de Cologne auf und bewundern Sie Ihren vorbildlichen Knoten ein paar Sekunden lang im Spiegel.

3
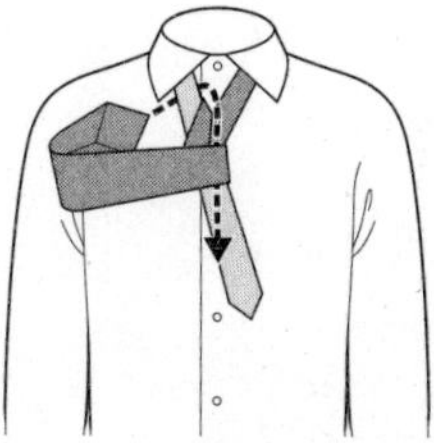

4

Einige Regeln, aber keineswegs eine vollständige Liste

Der Windsor-Knoten funktioniert am besten mit leichten Stoffen wie Seide (bei schwereren Materialien wie Wolle sackt der Knoten ab) und in Kombination mit Hemden mit weitem Kragen, wo der Knoten Platz hat und atmen kann.

Generell gilt, dass die Krawatte dunkler sein sollte als das Hemd. Schauen Sie in den Spiegel, wenn Sie Zweifel haben, und stellen Sie sich ein paar kritische Fragen.

Eine Krawatte sollte gerade weit genug herunterhängen, dass sie den Bund Ihrer Hose berührt – wobei der Hosenbund anständig hochgezogen sein sollte und nicht auf Kniehöhe herumhängen sollte wie bei einem rotzigen Teenager.

Beim Ablegen der Krawatte führen Sie die vier Schritte rückwärts aus, um die Krawatte zu schonen. Wenn Sie sie sich hektisch vom Hals reißen, verbeulen Sie sie.

Wie man …

einen Gebrauchtwagen kauft

Niemand behauptet, alle Gebrauchtwagenverkäufer seien notorische Lügner, die Sie um Ihre schwer verdienten Ersparnisse bringen wollen, aber natürlich gibt es einige schwarze Schafe, die die ganze Branche in Verruf bringen. Viele Gebrauchtwagenhändler machen ihrem Berufsstand höchste Ehre, ihre Fahrzeuge sind verlässlich, bequem und preiswert. Das sind die großartigen Kerle. Die anderen sind Drecksäcke; deshalb brauchen Sie auch diese Anleitung.

Die folgenden Lektionen decken das Gebiet keineswegs vollständig ab, da Sie sich als potenzieller Käufer eines Gebrauchtwagens auf ein wahres Minenfeld von Problemen begeben. Aber Sie täten sehr gut daran, sie genau zu befolgen, bevor Sie in Erwägung ziehen, ein dickes Bündel Bargeld gegen einen Satz Schlüssel zu tauschen.

1. Lektion: Machen Sie Ihre Hausaufgaben

Machen Sie sich mit Fachzeitschriften und im Internet über das Modell schlau, das Ihnen vorschwebt, bevor Sie sich auch nur in die Nähe eines Gebrauchtwagenhändlers begeben. So verschaffen Sie sich eine Vorstellung, wie das Auto in der Regel ausgestattet ist, was das Modell in etwa kostet, und welche Probleme mit diesem Typ Auto häufig auftreten.

2. Lektion: Sehen Sie sich um

Erkundigen Sie sich nach den Preisen verschiedener Anbieter, sobald Sie sich für ein bestimmtes Modell entschieden haben. Schauen Sie in die Kleinanzeigen Ihrer örtlichen Zeitung, surfen Sie im Internet (z. B. bei Autoscout24.de) und sehen Sie in der Schwacke-Liste (ebenfalls im Internet) nach, wie viel Ihr Wunschauto kosten darf. Klappern Sie mit dieser Information bewaffnet einige Gebrauchtwagenhändler ab.

3. Lektion: Spielen Sie Detektiv

Forschen Sie genauer nach, sobald Sie das Auto gefunden haben, das Ihrem Geschmack und Geldbeutel entspricht. Vergewissern Sie sich, dass alle Inspektionen durchgeführt wurden – verlassen Sie sich dabei nicht auf die Werkstattstempel, sondern verlangen Sie Belege. Gehen Sie durch alle Werkstattrechnungen; aus Ihnen können Sie ablesen, welche Macken das Auto hatte und ob sie behoben wurden. Wenn das Auto gut gepflegt wurde, wird der Vorbesitzer die Belege dafür stolz vorweisen. Kann er das nicht und will er sich mit lausigen Entschuldigungen herauswinden, winken Sie ab und gehen Sie lieber.

4. Lektion: Sehen Sie genau hin

Sehen Sie sich einen Gebrauchtwagen immer nur im Freien an, untertags und bei trockenem Wetter (Regen lässt viele Lackschäden unsichtbar werden). Überprüfen Sie aus etwa fünf Metern Entfernung, ob verschiedene Teile des Blechkleids eine leicht unterschiedliche Farbe aufweisen – ein sicheres Zeichen für Unfallschäden. Alle Teile der Karosserie sollten den exakt gleichen Farbton haben; Flecke und sichtbare Lacktropfen zeigen an, dass das Teil neu lackiert worden ist. Aus dem gleichen Grund sollten Sie sich die Spaltabstände zwischen den Karosserieteilen ansehen. Sind die Spalten alle gleichmäßig klein und eben? Niveauunterschiede zwischen zwei Blechteilen weisen darauf hin, dass sie nach einem Unfall wieder zusammengeschustert worden sind. Überschüssige Farbe um die Fenstergummis und unter den Kotflügeln sollten die Alarmglocken schrillen lassen, ebenso wie frische Lackspuren im Kofferraum oder unter der Motorhaube. Wie kommt es, dass Ihnen die Wieselaugen des Verkäufers erst jetzt auffallen?

5. Lektion: Reifen-Überlegungen

Untersuchen Sie die Reifen auf ungleichmäßige Abnutzung. Diese weist oft auf eine beschädigte Lenkung oder Federung hin, die – dann auf Ihre Kosten – neu eingestellt werden muss. Ein neuer Reifen hat eine Profiltiefe von acht Millimetern, die gesetzliche Untergrenze liegt bei 1,6 Millimetern. Wenn Sie mit weniger unterwegs sind, riskieren Sie Unfälle – und Ihren Versicherungsschutz! Ein Profilmesser kostet fast gar nichts und gibt Ihnen einen exakten Wert.

Ein einfacher und in der Regel recht verlässlicher Test für den Allgemeinzustand des Autos besteht darin zu überprüfen, ob alle Reifen vom gleichen Hersteller sind. Ein Eigentümer, der sein Auto liebt, bleibt normalerweise einer Marke treu.

6. Lektion: Gehen Sie auf Probefahrt

Gehen Sie auf eine ausgiebige Testfahrt; vielleicht packen Sie ja ein Picknick ein und machen eine Landpartie. Eine Fahrt um den Block verrät Ihnen gar nichts über dieses Auto. Um die Federung und das Handling unter echten Straßenbedingungen zu testen, müssen Sie mindestens eine Viertelstunde über Autobahnen, Landstraßen, holprige Oberflächen und durch Stadtverkehr gefahren sein. Horchen Sie auf ungewöhnliche Motorgeräusche, auf Klopfen und Klappern und drücken Sie alle Knöpfe, um zu sehen, ob sie funktionieren. Sehen Sie nach der Fahrt unter dem Motor nach, ob etwas leckt oder dampft, und schnüffeln Sie, ob etwas verdächtig verbrannt riecht.

7. Lektion: Schalten Sie Hilfe ein

Wenn Sie ein Auto von privat oder eines ohne Garantie kaufen, sollten Sie das Fahrzeug von einem unabhängigen Experten, etwa von der DEKRA oder dem ADAC, überprüfen lassen. Diese erfahrenen Leute wissen, worauf sie achten müssen. Natürlich kostet der Check Sie etwas, dafür schlafen Sie aber danach deutlich besser. Wenn der Experte einen problemlos zu reparierenden Schaden findet, können Sie mit diesem Wissen versuchen, den Verkäufer herunterzuhandeln.

8. Lektion:
Hinterfragen Sie den Tachostand

Obwohl das Manipulieren von Tachoständen mittlerweile eine Straftat ist, kommt es leider recht häufig vor (nach Expertenschätzungen bei etwa jedem 12. Gebrauchtwagen). Ob sich ein Gangster im Overall am Tacho zu schaffen gemacht hat, ist für Sie nicht erkennbar – aber anhand der Ölwechselnachweise (meist ein Aufkleber in der Fahrertür), des Wartungshefts und der TÜV-Prüfberichte können Sie frühere Kilometerstände ablesen oder die Fahrleistung abschätzen.

9. Lektion:
Kaufen Sie vor Ort

Wenn Sie vor Ort kaufen, können Sie das Auto zurückbringen, wenn ein Problem auftritt. Jeder Autohändler ist auf seinen Ruf bedacht, wenn er also weiß, dass Sie in der Nähe wohnen, wird er eher davor zurückschrecken, Ihnen eine Mistkarre anzudrehen. Wenn Sie von privat kaufen, ist Ihre rechtliche Stellung schlechter. Sie sollten deshalb noch misstrauischer, fast schon paranoid sein. Zwielichtige Händler verkaufen manchmal als Privatperson, um sich aus gesetzlichen Pflichten herauszuwinden, und skrupellose Privatleute tun alles, um die Spuren ihres bösen Tuns zu verwischen. Hüten Sie sich vor privaten Verkäufern, die mehrere Autos anbieten, vor Anbietern, die in Anzeigen nur Mobilfunknummern angeben, vor Verkäufern, die vage, ausweichende Antworten geben und viel herumzappeln. Besichtigen Sie das Auto immer nur an der Adresse des Verkäufers, dann wissen Sie später, wo Sie sich mit Beschwerden hinwenden müssen. Wenn der Anbieter vorschlägt, sich auf einem Parkplatz oder an einer ruhigen Landstraße zu treffen, sollten Sie ihm sagen, dass das Geschäft gestorben ist.

10. Lektion: Die goldene Regel

Kaufen Sie woanders, wenn Sie nur den geringsten Zweifel am Auto oder am Händler haben.

Wie man ...

eine verstopfte Toilette freiräumt

Das ist nun wirklich todsimpel, und man fragt sich schon, warum ein Klempner 80 Mäuse dafür verlangen kann, dass er aufkreuzt, sich am Kinn kratzt und urteilt: »Mannomann, ganz schöne Sauerei, was?« Dann fuhrwerkt er mit einem Stock im U-Rohr herum und verlangt dafür weitere 150 Mäuse, plus Mehrwertsteuer. Da machen Sie's doch besser selbst!

So machen Sie es selbst

Wenn das Wasser beim Spülen fast bis zum Rand der Toilettenschüssel steigt und sehr zäh abfließt, ist entweder ein Teil des Abflussrohrs verstopft, das von der Toilette zum Hauptabwasserrohr führt, oder das Hauptabwasserrohr selbst. Vermutlich ist die Verstopfung auf zu viel Toilettenpapier und einen übergroßen männlichen Haufen zurückzuführen.

Vermeiden Sie, immer wieder zu spülen, in der Hoffnung, dass die Verstopfung sich von allein löst. Das wird sie nicht – und bei Ihnen ergießt sich ekliges Wasser über den Badezimmerboden. Stattdessen müssen Sie das Wasser mit Druck das Abwasserrohr hinunterzwingen, um die Verstopfung zu lösen.

Dafür benötigen Sie einen Saugstopfer. Schöpfen Sie überschüssiges Wasser in einen Eimer ab, bevor Sie anfangen. Nehmen Sie dann den besagten Stopfer und drücken Sie ihn in den Abfluss der Toilettenschüssel, bis das Rohr vollständig bedeckt ist. Pressen Sie zwei-, dreimal kräftig nach unten, so fest, dass ein paar Tropfen ekligen Wassers herausspritzen. Sie tragen Gummihandschuhe, also macht das nichts, auch wenn der Geruch vielleicht etwas streng ist.

Wenn Sie keinen Stopfer haben, tut's notfalls auch ein Mopp mit langem Stiel. Wenn das nichts nutzt, können Sie auch einen Draht-Kleiderbügel zurechtbiegen und durch das U-Rohr führen. Vorsicht: Auf keinen Fall dürfen Sie den Kleiderbügel loslassen, damit er sich irgendwo verkeilt, wo Sie nie wieder hinkommen!

Wenn die Verstopfung beseitigt ist, fällt der Wasserstand wieder auf das normale Niveau. Spülen Sie, um zu sehen, ob das Rohr wieder frei ist. Wenn das Wasser wieder steigt, müssen Sie von vorn anfangen.

Wenn auch das nichts nützt, bleibt Ihnen nur, die Niederlage zu akzeptieren. Rufen Sie grummelnd einen Klempner oder Rohrreiniger an. Wenn es darum geht, buchstäblich in Scheiße zu wühlen, dann ist das Geld für einen Profi gut angelegt.

Wie man ...

sich löscht, wenn man brennt

Leider wird Ihnen das im Leben unvermeidlicherweise einmal passieren. Im einen Moment noch gehen Sie an einer offenen Flamme vorbei, im nächsten brennen Sie schon lichterloh und schreien »Aaaaah, aaaaah, oooooh, aaaaah«. Wenn Sie vermeiden wollen, zu einem Aschehäufchen zu verbrennen, müssen Sie jetzt die Ruhe bewahren und rasch handeln.

Flammen brauchen Sauerstoff zum Überleben, wenn Sie also hektisch herumrennen, spielen Sie ihnen nur in ihre feurigen Hände. Sie müssen die Flammen ersticken, indem Sie ihnen den Sauerstoff nehmen. Am einfachsten springen Sie in den Fluss oder lassen sich von mindestens zwölf Leuten gleichzeitig bespucken. Falls gerade kein Fluss zur Hand ist und Anspucken nichts nutzt, könnten folgende drei Schritte Ihre einzige Hoffnung sein ...

1. Schritt: Hören Sie auf, wie ein kleines Mädchen herumzulaufen. Bewahren Sie Ruhe und bleiben Sie stehen.

2. Schritt: Werfen Sie sich mit der Brust voraus auf den Boden. Das hilft zu verhindern, dass die Flammen auf Gesicht und Kopf übergreifen, worunter Ihr gesunder Teint ziemlich leiden könnte.

3. Schritt: Rollen Sie sich auf dem Boden hin und her, um die Flammen zu ersticken. So nehmen Sie den Flammen den Sauerstoff und sie erlöschen rasch.

Falls jemand anderes Feuer gefangen hat: Stellen Sie sicher, dass die Person die obigen Anweisungen befolgt und helfen Sie mit, die Flammen zu ersticken, indem Sie beim dritten Schritt eine Decke oder einen Pullover auf die Flammen legen.

Warnung!

Hier gilt, was für alle anderen Abschnitte dieses Buchs gilt, in denen riskante oder sogar lebensgefährliche Situationen geschildert werden:

Die Anweisungen sind für echte Notfälle gedacht, und nicht dafür, jemand zu retten, den man gerade zum Jux angezündet hat.

Wie man ... ein Hemd bügelt

Vorstellungsgespräch, Hochzeit, Beerdigung, ein Termin beim Kadi: Irgendwann gerät jeder Mann einmal in eine Situation, wo es auf das äußere Erscheinungsbild wirklich ankommt und ein zerknittertes Hemd einfach nicht genügt. Wie im restlichen Buch auch gehen wir hier davon aus, dass Sie nicht Ihre Mutter oder bessere Hälfte dazu bewegen können, den Job für Sie zu erledigen. Folgendes müssen Sie wissen:

Vorbereitung

Schauen Sie zuerst auf das Etikett des Hemds. Das verrät Ihnen, mit welchem Material Sie es zu tun haben. Einige Stoffe sind empfindlicher als andere, Seide zum Beispiel. Andererseits: Wenn Sie sich Seidenhemden leisten können, können Sie sich auch jemand leisten, der Ihre ganze Hemdensammlung wäscht, bügelt und aufhängt. Glücklicherweise statten die meisten Bügeleisenhersteller ihre Produkte mit praktischen Symbolen am Einstellrad aus, die mit den Symbolen auf den Etiketten übereinstimmen. Sie sollten das hinbekommen, die richtige Einstellung zu wählen, Leinen fürs Leinenhemd, Baumwolle fürs Baumwollhemd usw. Die besten Ergebnisse bekommen Sie, wenn Sie das Hemd bügeln, solange es leicht feucht ist. So vermeiden Sie, dass sich Falten im Material festsetzen.

Probieren Sie das Bügeleisen auf der Innenseite des Hemds aus (in einem Bereich, der nicht zu sehen ist, wenn Sie das Hemd in die Hose gesteckt haben), bevor Sie anfangen. So stellen Sie sicher, dass es keinen scheußlichen bügeleisenförmigen Fleck auf Ihrem Kleidungsstück hinterlässt. Wenn Sie mehrere Hemden bügeln: Fangen Sie mit dem Hemd an, das mit der niedrigsten Temperatur gebügelt wird, und steigern Sie die Temperatur in dem Maß, wie die Hemden hitzeunempfindlicher werden.

Bügelexperten raten dringend, beim Arbeiten mit Dampfbügeleisen nur destilliertes Wasser zu verwenden. Sonst verstopfen die Dampfdüsen des Bügeleisens allmählich, außerdem hinterlässt normales Wasser schäbig aussehende mineralische Rückstände auf Ihrem Hemd. Und Sie tun sich die ganze Arbeit ja an, um einmal proper auszusehen, oder? Fahren Sie fort, auf der Innenseite des Hemdes zu bügeln, und zwar in dieser Abfolge:

1. Kragen und Manschetten

Legen Sie die Unterseite des Kragens flach auf das Bügelbrett, ziehen Sie den Stoff stramm, um Knittern zu vermeiden, und bügeln Sie von außen nach innen – so vermeiden Sie Falten. Wiederholen Sie das Ganze mit der Oberseite des Kragens und bügeln Sie dann beide Manschetten innen und außen.

2. Ärmel

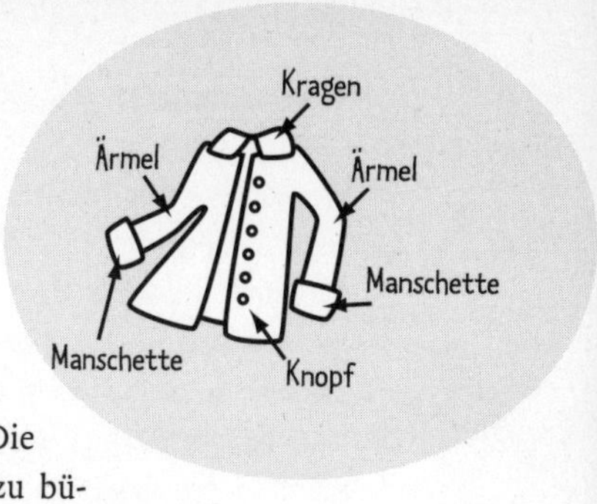

Vergewissern Sie sich, dass der Ärmel flach auf dem Bügelbrett liegt, mit der Ellbogenseite nach oben, und dass die Nähte an den Seiten genau ausgerichtet sind. Die Nähte sind am kniffligsten zu bügeln, aber wenn Sie hier schlampen, sehen Sie nachher aus, als hätten Sie sich keine rechte Mühe geben wollen. Arbeiten Sie sich vom unteren Ende des Ärmels nach oben. Wiederholen Sie das am anderen Ärmel und bügeln Sie dann die Vorderseiten beider Ärmel auf die gleiche Weise. Ihre Gedanken dürfen dabei ruhig abschweifen, zu interessanteren Themen. Zum Beispiel Käse.

3. Rückenpartie

Legen Sie die Schulterpartie über die schmale Spitze des Bügelbretts und bügeln Sie zur Mitte hin. Wiederholen Sie das mit der anderen Schulterpartie. Legen Sie nun den Rücken des Hemdes flach auf das Brett und bügeln Sie alle Falten so heraus, wie Sie für richtig halten. Manche Experten sagen, die besten Ergebnisse bekomme man, wenn man von links nach rechts bügelt, andere sagen, von rechts nach links sei besser, aber das ist nur blödes Gerede; es ist wirklich egal. Das Ergebnis sollte sein, dass nichts mehr knittrig ist, Punkt.

4. Vorderseite

Wenden Sie schließlich das Hemd und legen Sie eine Seite der Frontpartie flach auf das Brett. Die Front ist natürlich die wichtigste Seite, weil jeder Sie sieht, der Sie auf einen Plausch zur Seite nimmt. Selbst wenn Sie also in den Phasen eins bis drei gehudelt haben, jetzt sollten Sie sich Mühe geben. Fangen Sie mit der Seite an, wo das Hemd eine Tasche hat (falls vorhanden). Pressen Sie das Bügeleisen um die Knopflöcher und die Knöpfe herum fester an. Wenn das Bügeleisen was taugt, hat es kleine Einbuchtungen, die Ihnen das Manövrieren um die Knöpfe herum vereinfacht. Gehen Sie noch mal über alle Gebiete, die Sie übersehen haben oder die noch knittrig aussehen. Hängen Sie das Hemd danach sofort auf einen Bügel – oder ziehen Sie es gleich an; es gibt keine allgemeine Regel, was besser ist. Denken Sie nur daran, das Bügeleisen auszuschalten, und kontrollieren Sie eine Stunde später, wenn sich Zweifel angemeldet haben, ob das Gerät wirklich ausgeschaltet (ausgesteckt) ist.

Eine Methode für Faulpelze

Für Männer, die zu stinkfaul sind, ein Bügeleisen in die Hand zu nehmen, gibt es offenbar eine zweite, fast völlig mühelose Methode. Hängen Sie Ihr Hemd in der Nähe der Dusche auf, gerade außerhalb der Reichweite des Wassers, aber nah genug, dass der Dampf in die Fasern des Gewebes dringen kann. Genehmigen Sie sich dann genüsslich eine heiße Dusche. Der Dampf zieht in den Stoff und der Großteil der Falten hängt sich aus (und fällt zu Boden).

Wenn Sie noch bessere Ergebnisse möchten, müssen Sie ein wenig vorausplanen und etwas mehr Arbeit investieren. Hängen Sie das Hemd über einen Bügel und knöpfen Sie es zu. Befestigen Sie am unteren Ende des Hemds einen Clip-Anhänger (ein kleiner Haken, der mit einem Clip-Verschluss festgemacht wird). Hängen Sie besagtes Hemd nahe der Dusche auf, aber beschweren Sie es, indem Sie ein schweres Handtuch am Clip-Anhänger befestigen. Das zusätzliche Gewicht spannt den Stoff des Hemdes; die Spannung auf den Fasern zieht die Falten aus dem Hemd. Um es total knitterfrei zu bekommen, müssen Sie vielleicht über eine Stunde lang duschen, aber was soll's, Hauptsache, Sie sparen sich das Bügeln.

Wie man ...
hechtet wie Tarzan

Das einzige Problem hier ist, dass Tarzan dazu neigt, mit dem Kopf voran von hochragenden Felsenklippen zu springen, was zu gefährlich ist, als dass man es einem Novizen raten könnte. Ziehen wir daher an den Pool oder einen Strand und lernen wir vom tollsten Hecht, der je einen Hechtsprung gemacht hat: Mitch Buchanan aus *Baywatch*.

Nun wird der »Mitch Buchanan Hollywood-Hechtsprung« (MBHH) normalerweise eingesetzt, wenn es gilt, ertrinkende Frauen in engen Bikinis zu retten. Der Held trägt dabei nichts außer einer knappen Badehose, die den strammen Hintern bestens zur Geltung kommen lässt. Eine solche Badehose ist optional; angesichts ihres Bierbäuchleins sind Sie mit einer großzügiger geschnittenen Badehose vermutlich besser dran. Nicht optional ist aber Folgendes: Wenn Sie kein ausgebildeter Rettungsschwimmer sind, sollten Sie den MBHH allein dafür einsetzen, um beim Sprung ins kühle Nass einen größeren Showeffekt zu erzielen. Und so geht's:

Der Mitch Buchanan Hollywood-Hecht

1. Schritt: Der ganze Effekt steht und fällt damit, dass Sie elegant und kontrolliert ins Wasser eintauchen. Nehmen Sie ein paar Schritte Anlauf, setzen Sie Ihren schwächeren Fuß auf die Boots- oder Poolkante und geben Sie dem Körper mit Ihrem stärkeren Fuß kräftig Schub. Drücken Sie die Beine wirklich kraftvoll durch, damit der Sprung weit geht und Sie keinen lauen Hopser hinlegen.

2. Schritt: Versuchen Sie, in einer eleganten Flugkurve in einem Winkel von 45 Grad abzuspringen und einzutauchen. Strecken Sie während des Sprungs beide Arme in V-Form vor den Kopf. Die beiden Daumen sind dabei eingezogen, der Kopf ist leicht nach unten geneigt. Das ermöglicht ein möglichst glattes Eintauchen.

3. Schritt: Konzentrieren Sie sich beim Sprung auf ein kleines Quadrat auf der Wasseroberfläche. Ihr gesamter Körper sollte innerhalb dieses Quadrats ins Wasser eintauchen. Halten Sie ihn während des Eintauchens so gestreckt wie möglich. Ihre Arme sollten so angespannt sein, dass Sie sie während des Sprungs gerade nach vorn weisen, aber nicht verkrampfen.

Mitch würde Ihnen jetzt erzählen, dass die Methode mit dem Quadrat Ihnen dabei hilft, die Körperspannung während des Sprungs zu halten und in einem eleganten Bogen ins Wasser zu tauchen – und nicht mit einem Bauchplatscher, wie ihn dicke, ungelenke Amateure hinlegen. Sie wären blöd, wenn Sie nicht auf ihn hören würden!

Wie man ... sich mit Spucke die Schuhe putzt (sodass man sich in ihnen spiegelt)

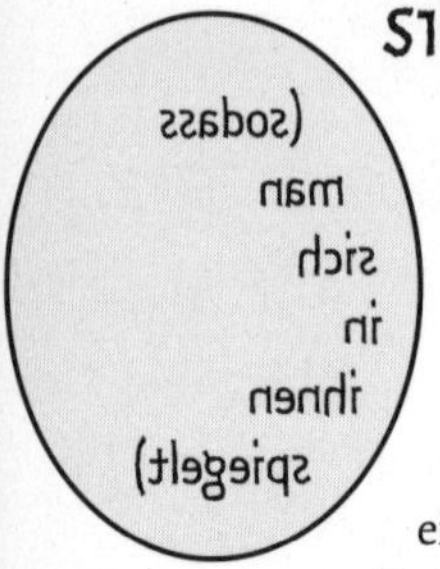

Mit Schuhpolitur und Bürste kann jeder Dahergelaufene ein Paar Schuhe zum Glänzen bringen, aber nur eine kleine Elite beherrscht die Kunst, einen dicken Schleimklumpen auszuspucken und die Schuhe so wild zu polieren, dass sie danach wie Spiegel aussehen – allerdings wie sehr schwarze Zerrspiegel. Dafür gibt es mehrere gute Gründe: es ist unappetitlich, dauert ewig, und die super-glänzenden Schuhe lassen Sie schwuchtelig aussehen. Wie auch immer, hier verraten wir allen Möchtegern-Soldaten, Investmentbankern und Gecken, die dieses Buch vielleicht lesen, wie man den »Look« hinbekommt.

1. Schritt: Tragen Sie eine mitteldicke Schicht Schuhcreme auf den gewählten Schuh auf (von Turnschuhen raten wir ab, insbesondere von weißen). Es genügt jede stinknormale Standard-Schuhcreme aus dem Supermarkt. Aufgepasst: Verwenden Sie Schuhcreme aus der Dose, nicht das dünne Zeug, das aus den Tuben mit Schwämmchen kommt! Lassen Sie die aufgetragene Schuhcreme fünf Minuten lang trocknen.

2. Schritt: Wickeln Sie sich ein weiches, sauberes Tuch um den Zeigefinger, so gespannt, dass es straff und glatt ist. Spucken Sie drauf, mit genug Spucke, dass das Tuch nass, aber nicht tropfnass ist. Klar können Sie auch Wasser hernehmen, aber schließlich haben wir versprochen, Sie würden lernen, wie man Schuhe mit Spucke zum Glänzen bringt.

3. Schritt: Machen Sie rasche, effiziente Kreisbewegungen und polieren Sie die getrocknete Schuhcreme, bis das Wachs schön und glänzend wird. Wenn es Ihnen bei der Arbeit hilft, können Sie sich auch vorstellen, ein cholerischer Feldwebel brülle Ihnen Befehle in die Löffel und beleidige Ihre Mutter mit üblen Schimpfworten, die alle nicht zutreffen. Soweit Sie wissen.

4. Schritt: Verwenden Sie weiter Ihr feuchtes Tuch, um in kreisenden Bewegungen eine dünne Schicht Politur aufzutragen, bis ein diffuser Glanz erscheint. Fügen Sie weitere Politurschichten hinzu, bis Sie eine vollständig glatte Oberfläche erhalten. Nehmen Sie bei jedem weiteren Durchgang weniger Politur her und wenden Sie weniger Kraft auf. So verhindern Sie, die Schichten wieder wegzurubbeln, die Sie bereits poliert haben.

5. Schritt: Machen Sie weiter, bis Ihnen von den Schuhen Ihre Gulaschfresse entgegengrinst. Richten Sie sich darauf ein, dass das einige Stunden dauert, Stunden, die für immer verloren sind, Stunden, von denen Sie sich später vielleicht mal wünschen, Sie hätten sie nicht für so was Triviales wie Schuhpflege verschwendet. Geben Sie den Schuhen mit einem sauberen weichen Tuch den letzten Schliff und blättern Sie zur nächsten Seite.

Wie man ... ein brüllendes Baby beruhigt

Wechseln Sie die Windel, bringen Sie das Kind ins Bett, füttern Sie es, heben Sie es auf, setzen Sie es auf Ihr Knie und wippen Sie das Bein, legen Sie es hin, geben Sie ihm den Schnuller, nehmen Sie den Schnuller raus, singen Sie ihm was vor, wackeln Sie ihm mit Spielzeug vor der Nase herum, machen Sie alberne glucksende Geräusche, wechseln Sie die Windel noch mal oder reichen Sie das Baby an die Mutter zurück,

schütteln Sie

beschämt den Kopf

und

schlurfen Sie davon.

Wie man ... sich mit einem Rasiermesser rasiert

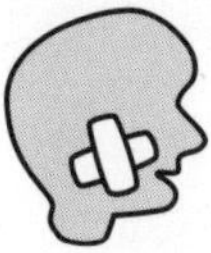

Wenn es darum ging, Kunden den Hals aufzuschlitzen, schwor Sweeney Todd, ein in England berüchtigter Barbier des 19. Jahrhunderts, auf das Rasiermesser: ein schneller Schnitt mit der vertrauten Schneide und der Kunde war bereit, von Todds Komplizin, »Mad« Marge Lovett zu Fleischpastetchen verarbeitet zu werden. Die Kunden, die Todd verschonte, wussten nicht, wie sehr ihr Schicksal auf Messers Schneide gestanden hatte.

Wenn man Experten auf dem Gebiet glaubt, dann ist eine Rasur mit dem Rasiermesser noch immer die gründlichste. Sie bleibt allerdings hochgefährlich, gehen Sie also vorsichtig vor ...

Vorbereitungen

Benetzen Sie Ihr Gesicht mit heißem Wasser; das lässt die Barthaare weicher werden, öffnet die Poren der Haut und erlaubt eine gründlichere Rasur. Tragen Sie Rasierschaum (am besten auf Glyzerinbasis) auf die zu rasierenden Hautpartien auf, in kreisenden Bewegungen und mit einem Rasierpinsel. Die Haare des Pinsels heben die Barthaare ein wenig an und sorgen für einen dicken, kremigen Schaum. Experten zufolge eignet sich Dachshaar am besten, Dachse empfehlen allerdings Rasierpinsel aus Frettchen-Haar. Wenn Sie die Haut richtig vorbereiten, gleitet die Klinge glatt über Ihr Gesicht und die Barthaare werden sehr kurz geschnitten.

Die Rasur

1. Schritt: Öffnen Sie das Rasiermesser, indem Sie den Griff sanft mit Daumen und drei Fingern nehmen. Legen Sie den kleinen Finger in die kleine Einbuchtung der Klinge, für sicheren Halt. Der beste Winkel der Klinge hängt von den Konturen Ihrer Fresse ab, aber Experten raten, Sie sollten mit einem Winkel von 30 Grad beginnen.

2. Schritt: Mit welcher Gesichtspartie Sie beginnen, bleibt Ihnen überlassen, aber ganz wichtig ist es, dass Sie die Hautpartie mit Ihrer freien Hand straff ziehen – je glatter die Oberfläche, desto besser gleitet die Klinge darüber. Rasieren Sie mit dem Strich Ihrer Barthaare, in gleichmäßigen, jeweils drei bis vier Zentimeter langen Bewegungen.

3. Schritt: Wenn Sie den gesamten Bart abrasiert haben: Tragen Sie wieder Rasierkrem auf und fangen Sie von vorne an. Für die gründlichsten Rasuren braucht man zwei Durchgänge. Bei der zweiten Rasur schneiden Sie aber gegen den Strich der Barthaare.

4. Schritt: Nach zwei Rasuren sollte Ihr Gesicht so glatt sein wie am Tag Ihrer Geburt – aber hoffentlich weniger blutig. Waschen Sie das Gesicht mit kaltem Wasser und tragen Sie Feuchtigkeit spendenden Rasierbalsam auf. Spülen Sie den Rasierer gründlich mit heißem Wasser, trocknen Sie ihn ab und verstauen Sie ihn, wo Kinder und verrückte Barbiere nicht drankommen.

Wenn Blut fließt …

Drücken Sie einen Alaunstift auf kleinere Schnitte, die Sie sich zugefügt haben. Dieser magische Stift in Form eines Reagenzgläschens besitzt stark adstringierende Wirkung, zieht also das Gewebe zusammen und hilft den Blutplättchen, die Wunde zu schließen. Blutstillstifte funktionieren ähnlich und sind auf jeden Fall besser als kleine Stückchen Toilettenpapier, die Sie sich überall ins Gesicht kleistern.

Wie man …

mit bloßen Händen ein Telefonbuch zerreißt

Selbst wenn Sie ein 1,90 m großer Strich in der Landschaft mit Streichholzärmchen und der Kraft einer alten Dame sind, wird Ihnen dieses Kunststück gelingen. Es ist egal, wie Sie gebaut sind – lassen Sie sich das von einem 1,90 m großen Strich in der Landschaft usw. sagen. Denn es kommt allein auf die richtige Technik und einen Trick an: Der Trick besteht darin, den Rücken des Telefonbuchs zu brechen;* sobald er eingerissen ist, bieten die dünnen Seiten viel geringeren Widerstand.

Die rückgratlose Methode

Packen Sie das Buch am Rücken, die Hände liegen drei bis vier Zentimeter auseinander. Die Zeigefinger sollten nahe beieinander sein und auf der Oberseite des Buchs liegen, beide Daumen liegen auf der Rückseite des Buchs. Knicken Sie den Buchrücken vor und zurück, bis er zu reißen beginnt, und richten Sie den Buchrücken wieder gerade aus. Halten Sie das Buch nahe am Körper, etwa in der Bauchgegend, die Arme rechtwinklig angewinkelt. (Wenn Sie das Buch mit gestreckten Armen vor sich halten, ist es viel schwerer, einen guten Griff und die Kraft zu finden, den Buchrücken zu brechen.)

Reißen Sie nun in einer raschen Bewegung den gebrochenen Rücken auseinander und ziehen Sie diese Bewegung weiter durch, durch die Seiten des Buchs. Jetzt haben Sie zwei halbe Telefonbücher. Was Sie mit zwei zerfledderten halben Telefonbüchern anstellen sollen, ist eine Frage, die nicht hierher gehört.

Tipp für üble Schwindler

Wenn der Buchrücken sich als zu fest für Sie erwiesen hat, müssen Sie ihn zusätzlich schwächen, bevor Sie Ihr Kunststück vorführen. Schieben Sie das Telefonbuch ein paar Minuten lang in einen sehr heißen Ofen und backen Sie es, bis es zwischen Ihren Fingern leicht zu bröseln beginnt. Lassen Sie es abkühlen; die Seiten sind jetzt so trocken und brüchig, dass sie kaum mehr Widerstand leisten. Und keiner braucht es je erfahren ...

* Professionelle Telefonbuch-Zerreißer halten das Brechen des Rückens für eine unzulässige Drückeberger-Methode. Profis zerreißen erst die Seiten, zuletzt den Rücken. Machen Sie's ruhig so, wenn Sie den Ehrgeiz haben, zu den Profis zu wechseln. Ansonsten dürfen Sie es wie ich halten und den Profis sagen, wo sie sich ihre Regeln hinstecken können.

Wie man ...
Pfeil und Bogen macht

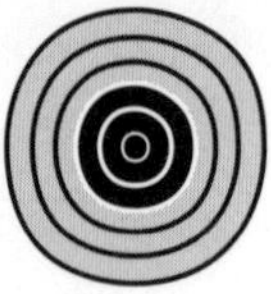

Dieser Abschnitt geht davon aus, dass Sie sich eines Tages in einem riesigen Wald wieder finden und darauf angewiesen sind, sich mit eigener Kraft durchzuschlagen. Allerdings ist es viel wahrscheinlicher, dass ein Kind Sie bitten wird, ihm Pfeil und Bogen zu schnitzen, wie gute Väter es tun (anstatt ihren Kindern vorzuführen, wie sich der Timer des neuen DVD-Rekorders ein halbes Jahr im Voraus programmieren lässt). Wie auch immer: Die folgenden Anweisungen sollten das Allerwichtigste in etwa abdecken ...

Bau eines Bogens

Traditionell gilt Eibe als das beste Holz für Bogen, auch wenn man theoretisch aus jedem Holzstock einen Bogen machen könnte, vorausgesetzt er bietet genug Spannung, wenn man die Sehne spannt. Suchen Sie einen 1,80 m (!) langen Ast oder Stock, vorzugsweise aus nicht allzu grünem Holz. Stellen Sie ihn mit einem Ende auf den Boden.

Nehmen Sie ein scharfes Instrument, idealerweise eine Axt oder sonst irgendwas, um den Ast zuzuschnitzen. Bearbeiten Sie den Ast so, dass er sich von der Mitte nach unten verjüngt. In der Mitte sollte er besonders stabil sein und so dick, dass Sie ihn mit der Hand fest greifen können. Schnitzen Sie auch die andere Hälfte des Astes entsprechend zu und schneiden Sie in beide Enden des Astes eine Kerbe für die Bogensehne.

Nehmen Sie ein Stück Schnur, ziehen Sie sie durch beide Bogenenden und spannen Sie sie. Der Bogen spannt sich, die Sehne sirrt verheißungsvoll, wenn man sie zupft. Tiersehnen, die Rinde bestimmter Bäume und selbst kräftige Nesseln könnten als Sehne dienen, aber mit einer Schnur tun Sie sich leichter. Jetzt haben Sie einen funktionierenden Bogen.

Schnitzen von Pfeilen

Ihr Bogen darf ruhig rustikal aussehen, aber die Pfeile müssen schon sorgfältig gemacht werden, damit sie vernünftig fliegen. Sie brauchen mehrere Stücke Rohrschilf oder Bambus, die alle so gerade wie möglich sein müssen.

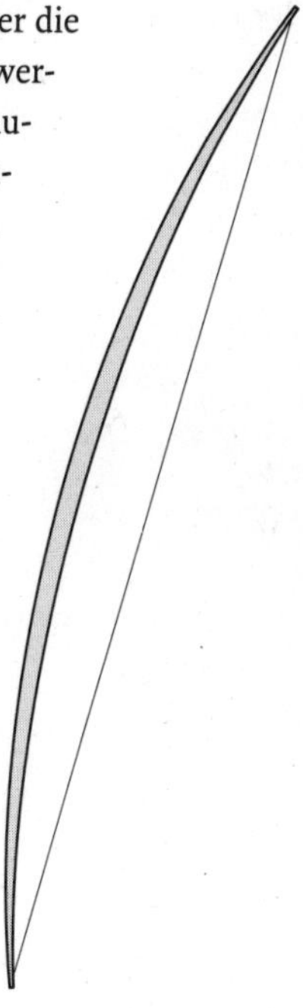

Selbst dann wird Ihr schiefer Möchtegern-Pfeil möglicherweise zu krumm sein, um anständig zu fliegen. Dann müssen Sie ihn über ein Feuer halten, bis das Holz so weich wird, dass Sie es per Hand gerade biegen können. Nehmen Sie Ihr Standard-Schnitzwerkzeug, um den Pfeil so glatt wie möglich zu machen und so seinen Luftwiderstand zu verringern. Stellen Sie jetzt ein paar weitere Pfeile her, sonst müssen Sie jedem einzelnen sofort hinterherjagen, sobald Sie ihn verschossen haben. Schneiden Sie eine Kerbe in ein Ende des Pfeils und kleben Sie einige Zentimeter weiter vorn ein paar Federn auf. Damit fliegt der Pfeil gerader und sieht professioneller aus. Spitzen Sie nun das andere Ende an, damit der Pfeil später in allen möglichen Waldviechern stecken bl... wie bitte? Die Jagd unterliegt rechtlichen Einschränkungen; Sie dürfen also nicht einfach daherkommen und Kleintiere jagen, auch wenn Sie im Wald leben, am Verhungern sind und nun wirklich niemand dieses Tierchen vermissen würde. Kleben Sie also eine kleine Knete-Kugel auf die Spitze des Pfeils. Der Rambo in Ihnen ist vermutlich enttäuscht, aber mit der Knete fliegt der Pfeil besser und erfüllt alle Sicherheits- und Gesundheitsrichtlinien.

Wie man ... einen Pfeil schießt*

* Diese Anweisungen gelten nur für Langbogen; für andere Bogen braucht man andere Methoden. Allerdings gelten diese Anweisungen sowohl für Rechts- als auch für Linkshänder.

Zu allererst noch einmal die Warnung von der Jagdaufsicht: Hierzulande dürfen Sie keine Pfeile auf pelzige Wesen aller Art schießen. Schließlich sind Sie nicht darauf angewiesen, sich von ihnen zu ernähren. Und die Tiere haben ein Recht darauf, frei herumzulaufen, ohne Angst, dass ihnen jemand einen krummen Pfeil auf den Pelz brennt.

Wenn Sie also vorhaben, mit Pfeil und Bogen zu schießen – möglicherweise selbst gemachten aus dem vorigen Abschnitt –, suchen Sie sich gefälligst eine große runde Zielscheibe oder legen Sie eine Blechdose auf eine Mauer. Gehen Sie dann wie folgt vor:

1. Schritt: Stellen Sie sich seitlich zum Ziel auf, die Beine schulterbreit gespreizt. Ihre Zehen zeigen nach vorn, doch die Spitze Ihrer Schuhe bildet eine Linie, deren Verlängerung genau auf die Mitte des Ziels zeigt.

2. Schritt: Legen Sie den Pfeil mit der Kerbe in die Bogensehne, sodass er gut sitzt. Halten Sie ihn dort, sodass der Pfeil zwischen dem Zeigefinger und dem Mittelfinger Ihrer dominanten Hand ruht.

3. Schritt: Halten Sie den Bogengriff mit der anderen Hand und lassen Sie das vordere Ende des Pfeils auf dieser Hand liegen, gerade oberhalb des Fingerknöchels. Als Anfänger sollten Sie vielleicht zur Sicherheit einen Handschuh tragen.

4. Schritt: Heben Sie den Bogenarm auf Schulterhöhe und ziehen Sie die Sehne in einer geraden waagrechten Linie zurück. Halten Sie beide Schultern so niedrig wie möglich, die Schulterblätter schieben sich zusammen. Entspannen Sie sich und konzentrieren Sie sich auf das Ziel.

5. Schritt: Ziehen Sie die Sehne bis zur Mitte Ihres Kinns zurück. Ihr Zeigefinger sollte unter dem Kinn ruhen. Ihre Bogenhand, Ihre Zughand (die Hand an der Sehne) und Ihr Ellbogen sollten eine möglichst gerade Linie bilden, die Rückenmuskeln bleiben gespannt, beide Schultern möglichst niedrig. Beugen Sie den Bogenarm ein wenig vom Bogen weg, um der Sehne freie Bahn zu lassen.

6. Schritt: Zielen Sie mit dem Auge, das weiter vom Ziel weg ist, und schließen Sie das andere. Halten Sie die Spitze des Pfeils auf das Ziel gerichtet, allerdings leicht angehoben. Je weiter das Ziel entfernt ist, desto höher müssen Sie zielen, um die Höhe auszugleichen, die der Pfeil während des Fluges verliert.

7. Schritt: Halten Sie für einen kontrollierten Schuss den Körper steif. Schließen Sie den Mund, pressen Sie die Zähne zusammen und halten Sie den Atem an. Ziehen Sie die Sehne zurück. Je weiter Sie ziehen, desto weiter fliegt der Pfeil – außer Sie ziehen zu weit und die Sehne reißt (in diesem Fall lesen Sie sich den vorigen Abschnitt noch mal durch). Lassen Sie die Sehne los, und der Pfeil schießt (theoretisch zumindest) in Richtung Ziel.

8. Schritt: Halten Sie den Bogen weiter auf das Ziel gerichtet, bis der Pfeil einschlägt. Bessere Haltungsnoten und dramatischeren Flair bekommen Sie, wenn die Zughand beim Loslassen der Sehne auf Höhe Ihres Ohrs oder dahinter ist.

9. Schritt: Tauchen Sie die Spitze des nächsten Pfeils in Paraffin, zünden Sie ihn an und schießen Sie ihn auf das nächstgelegene Reetdach.

10. Schritt: **Halt.**

Gerade höre ich, das ist verboten.
Darauf müssen Sie verzichten.

Mist.

Wie man ... einem Auto Starthilfe gibt

Sie können jetzt fluchen, so laut Sie wollen, aber *Ihr Auto* ist nicht schuld daran, wenn *Sie* gestern Abend vergessen haben, das Licht auszumachen. Das Problem ist nicht, dass Ihr Fahrzeug eine »unerträgliche Mistkarre« ist, wie Sie meinen, sondern dass Sie ein Trottel sind.

Aber das macht nichts. Denn wenn Sie diesen Abschnitt gelesen haben, wissen Sie, wie wichtig es ist, ein Paar Starthilfekabel im Kofferraum zu haben. Die bekommen Sie in jedem halbwegs anständigen Laden für Autozubehör. Mit Starthilfekabeln erwecken Sie eine tote Batterie in null Komma nichts wieder zum Leben. Sie wissen aber hoffentlich, dass man niemals eine eingefrorene Batterie mit dieser Methode behandeln sollte: Sie wird explodieren. Aber das ist ein ganz anderes Kapitel.

Sie brauchen aber nicht nur die Kabel, sondern auch einen Freund mit einem funktionierenden Auto – oder einen Fremden, der so freundlich ist und Sie unter seiner Motorhaube herumwerkeln und seine Batterie eine Viertelstunde lang anzapfen lässt. Überprüfen Sie in den Betriebsanleitungen beider Autos, ob die Batterien die gleiche Voltzahl haben und Starthilfe-freundlich sind. Aber Sie sind ja nicht blöd und hätten das sowieso getan. Wenn alles zusammenpasst, sind Sie bereit ...

1. Schritt: Fahren Sie das funktionierende Auto an das kaputte heran und schalten Sie dann bei beiden Fahrzeugen die Zündung und alle elektrischen Verbraucher ab. Ziehen Sie beide Handbremsen und legen Sie den Leerlauf ein (bzw. bei Automatikfahrzeugen die Fahrstufe P). Um Explosionen zu vermeiden, sollten Sie auch alle Zigaretten, Pfeifen oder Stumpen ausmachen, bevor Sie die Motorhauben öffnen. Die Autos sollten nahe genug beieinander stehen, dass Sie die Kabel locker anbringen können, sie sollten sich aber nie berühren – außer Sie stehen auf Lackkratzer, Funkenschlag und Mordsexplosionen.

2. Schritt: Verbinden Sie am kaputten Auto (dem wir hier keine Schuld geben, schließlich war es nicht sein Fehler) ein Ende des roten Kabels mit dem Pluspol der Batterie. Den erkennen Sie am idiotensicheren +-Zeichen. Befestigen Sie das andere Ende mit dem Pluspol der gesunden Batterie im funktionierenden Auto. Passen Sie beim Hantieren mit dem Kabel auf, dass das Ende kein metallisches Teil des Fahrzeugs berührt (und dazu gehört natürlich auch die Karosserie).

3. Schritt: Nehmen Sie jetzt das schwarze Starthilfekabel und verbinden Sie ein Ende mit dem Minuspol (–) der funktionierenden Batterie und das andere Ende mit einer nicht lackierten Metalloberfläche unter der Haube des kaputten Autos, allerdings in sicherem Abstand zur Batterie, zum Kraftstoffsystem, zum Vergaser und zu allen beweglichen Teilen. Verbinden Sie dieses Ende nie mit dem Minuspol der schlechten Batterie, sonst explodieren beide, und Sie sind angeschmiert. Vermeiden Sie auch jede Berührung der Klammern für Minus- und Pluspol, sonst ruinieren Sie beide Batterien. Und hüten Sie sich vor herumfliegenden Funken, sonst schreien Sie vielleicht bald auf wie ein kleines Kind.

4. Schritt: Warten Sie drei Minuten, bis der Saft der beiden Batterien sich ausgeglichen hat. Starten Sie das gute Auto und lassen Sie es etwa eine Minute lang laufen. Lassen Sie jetzt das störrische Auto an und lassen Sie beide Autos zehn Minuten lang im schnellen Leerlauf laufen. Wenn Sie die Kabel nicht die ganze Zeit lang verbunden lassen, riskieren Sie, die Elektronik des Autos zu beschädigen.

(Wenn der Motor noch immer nicht anspringt: Machen Sie den anderen Motor wieder aus, setzen Sie die rote Klammer neu an, indem Sie sie neu festmachen oder drehen; Ziel ist, einen besseren Kontakt herzustellen. Wiederholen Sie den Starthilfeprozess. Wenn auch das nicht fruchtet, haben Sie vermutlich ein tiefer gehendes Problem als eine unwillige Batterie. Jetzt werden Sie wohl die freundlichen Helfer in Overalls anrufen müssen ...)

5. Schritt: Machen Sie nach zehn Minuten beide Motoren aus und entfernen Sie die Kabel in umgekehrter Reihenfolge. Passen Sie auf! Ruinieren Sie Ihre gute Arbeit nicht dadurch, dass Sie versehentlich ein Kabelende an ein anderes geraten lassen, an die Karosserie des Autos oder sich selbst.

6. Schritt: Starten Sie Ihr Auto und schalten Sie das Licht, die beheizbare Heckscheibe und die Heizung an, um Überspannung zu vermeiden. Der Motor muss jetzt mindestens eine halbe Stunde lang laufen, bis die Batterie wieder vollgeladen ist. Sie können das Auto geparkt im schnellen Leerlauf lassen (natürlich im Freien, nie in einer Garage!), oder Sie fahren einfach eine halbe Stunde lang herum. Achten Sie darauf, den Motor in dieser Zeit nicht abzuwürgen, und bedenken Sie, dass es Ihrer Batterie nicht gutgetan hat, völlig entladen zu werden. Es ist vielleicht klug, direkt zu einer Werkstatt zu fahren und sie überprüfen und gegebenenfalls ersetzen zu lassen. Das lehrt Sie vielleicht, beim nächsten Mal besser aufzupassen.

Wie man …

einen Menschen wiederbelebt

Gevatter Tod hat schon wieder ein Opfer in seinen Klauen und setzt die Sense schon an. Jetzt bleibt Ihnen keine Zeit, sich am Kinn zu kratzen und sich lang zu überlegen, was wohl zu tun ist.

Sie können beim Opfer weder Puls noch Atmung feststellen. Vermutlich handelt es sich um einen Herzstillstand, der meistens von einem Herzanfall ausgelöst wurde, der wiederum meistens auf zu viele Donuts, zu viel Käse und zu wenig Bewegung zurückzuführen ist. Wenn das Herz nicht mehr wie gewohnt arbeitet, kann kein Sauerstoff mehr effektiv im Körper verteilt werden. Wir wollen hier keine miese Stimmung verbreiten, aber in einem solchen Fall wird das Hirn nach vier Minuten geschädigt, nach sieben Minuten sind die Schäden irreversibel und nach fünfzehn tödlich. Passen Sie also genau auf …

Herz-Lungen-Wiederbelebung

Ein nicht ansprechbares Opfer reagiert nicht, wenn man es anbrüllt oder anstößt. Fragen Sie das Opfer laut, wie es ihm gehe, um festzustellen, ob es reagiert. Überprüfen Sie seine Atmung, wenn es nicht reagiert: Sehen Sie nach, ob die Atemwege frei sind, indem Sie seinen Kopf nach hinten neigen und sein Kinn vorziehen. Blicken Sie in seinen Mund, ob irgendetwas die Atmung blockiert (möglicherweise seine Zunge). Schauen Sie auf die Brust des Opfers und horchen Sie an ihr. Atmet es? Kontrollieren Sie danach den Kreislauf des Opfers. Hat es einen Puls? (Am besten lässt er sich an den Handgelenken und am Hals ertasten.)

Diese Bestandsaufnahme sollte nicht länger als zehn Sekunden dauern. Fällt sie negativ aus, müssen Sie den Notarzt rufen (Tel. 112) und dann die Wiederbelebung einleiten. Die ersten Minuten sind entscheidend, um die wichtigsten Organe am Leben zu erhalten, bis der Notarzt kommt oder das Opfer deutliche Zeichen der Erholung zeigt. Erwachsene werden wiederbelebt, indem man abwechselnd auf den Brustkorb drückt und von Mund zu Mund (bzw. Nase) beatmet. Weiter unten beschreiben wir, wie man Kinder wiederbelebt.

1. Schritt: Herzdruckmassage

Legen Sie das Opfer auf den Rücken, vorausgesetzt, es kann gefahrlos in diese Lage gebracht werden, ohne dass es Verletzungen erleidet. Setzen Sie die Hände auf die Mitte seiner Brust, genau zwischen den Brustwarzen, eine Hand über der anderen. Drücken Sie fest nach unten, um die Brust zusammenzudrücken.

Drücken Sie vier bis fünf Zentimeter nach unten, möglichst mit einer Rate von 100 Stößen pro Minute, also deutlich schneller als einmal pro Sekunde. Das allein könnte das Opfer wiederbeleben, allerdings könnten Sie auch ein scharfes Knacken hören. Vielleicht sind gerade Knorpel oder Rippen gebrochen, aber wenn die Alternative Tod heißt, kann sich das Opfer wohl kaum beschweren. Wenn sich nach dreißig

Herzdrücken nichts getan hat, sollten Sie sich vorbereiten, das Opfer zweimal zu beatmen.

2. Schritt: Zweimalige Beatmung

Neigen Sie den Kopf des Opfers nach hinten, um den Atemweg frei zu machen, halten Sie die Nase des Opfers zu, bedecken Sie seinen Mund mit Ihrem und blasen Sie eine Sekunde lang, bis Sie den Brustkorb sich heben sehen. Beatmen Sie ein zweites Mal, wieder nur eine Sekunde lang, und gehen Sie zu einer weiteren Runde Herzdruckmassage (30 Mal) über.

Wiederholen Sie diese Abfolge, bis das Opfer reagiert. Wenn die Beatmung Erfolg hat, wird das Opfer husten und röcheln und sich aus Dankbarkeit über Sie ergeben. Drehen Sie seinen Kopf zur Seite, sodass es nicht am Erbrochenen erstickt, wischen Sie so viel Erbrochenes weg, wie Sie können, und setzen Sie die Wiederbelebung fort. (Oder sehen Sie sich um, ob jemand anderes weitermachen will. Keine Freiwilligen?) Machen Sie weiter, bis das Opfer normal atmet oder der Krankenwagen mit den Profis kommt, die übernehmen können. Wenn Sie das Opfer so weit durchgebracht haben, dürfen Sie sehr stolz auf sich sein.

Wiederbelebung von Kindern

Das Vorgehen bleibt bei Kindern und Babys annähernd das Gleiche, allerdings fangen Sie mit fünfmaligem Beatmen an und gehen dann dazu über, 30 Mal die Brust zusammenzudrücken und zweimal zu beatmen. Nehmen Sie für die Herzdruckmassage nur eine Hand, wenn das Opfer kleiner ist als Sie, bei Babys nur zwei Finger.

Wie man …
ein Lagerfeuer macht

Wenn Sie durch die Wildnis streifen, auf der Suche nach Abenteuern für echte Kerle und Antworten auf die großen Fragen des Lebens, werden Sie irgendwann einmal übernachten müssen, vorzugsweise neben einem lodernden Feuer. Die Wärme erhält Sie am Leben, wenn die Nacht besonders frisch wird, außerdem können Sie über dem Feuer alle essbaren Tierchen braten, die Sie untertags gefangen haben. Aber dass ein Feuer beim Campen eine tolle Sache ist, haben Sie ja ohnehin schon gewusst. Und so machen Sie das einfachste Lagerfeuer der Welt:

Brenn, Baby, brenn

Ihr Lagerfeuer sollte schnell und einfach vorzubereiten sein, und nichts eignet sich in dieser Hinsicht besser als eine pyramidenförmige Konstruktion. Die Pyramidenform erlaubt eine gute Versorgung der Flammen mit Sauerstoff, gleichzeitig schützt es sie vor Wind.

Fangen Sie mit einer Überprüfung des Bodens an. Bestreuen Sie ihn mit trockenen Blättern und Zweigen, wenn er feucht ist, um das Brennmaterial möglichst trocken zu halten, bis das Feuer richtig in Gang gekommen ist. Bauen Sie dann wie folgt:

Sicherheitsfragen

Wenn Sie unter langen, überhängenden Ästen ein Feuer machen, könnten Sie es bald mit einem viel größeren Feuer zu tun bekommen, als Sie ursprünglich geplant hatten. Räumen Sie ein Stück Boden frei, bevor Sie anfangen.

Bläst der Wind so stark, dass Sie ständig Probleme bekommen, sollten Sie eine Grube ausheben, in der das Feuer geschützt brennen kann. Nehmen Sie die Hände oder scharfe Behelfswerkzeuge, die Sie zur Hand haben, und graben Sie eine Grube, ca. 30 cm tief und 60 cm breit. Bauen Sie die Pyramide auf dieser niedrigeren, geschützten Fläche. Halten Sie einen Haufen Erde griffbereit, um das Feuer damit zu ersticken, wenn es außer Kontrolle geraten sollte. Räumen Sie den ganzen Verhau auf, bevor Sie weiterziehen.

1. Schritt: Legen Sie den trockenen Zunder (trockenes Gras, Stroh, Holzspäne, Federn; alles, was klein und gut brennbar ist) in die Mitte der Feuerstelle und bauen Sie darüber eine kleine Pyramide aus längeren Zunderstückchen (Zweige, Holzstreifen, trockene und zerbrochene Tannenzapfen, trockene Blätter). Dieser Zunder sollte nicht kleiner als ein Zündholz und nicht größer als ein Bleistift sein und so aufgestellt werden, dass das Feuer Luft bekommt und Sie mit der Hand noch hineinkommen, um das Feuer anzuzünden. Halten Sie Reservezunder bereit, den Sie bei Bedarf hineinwerfen, wenn das Feuer in Gang kommt. Dass auch diese Reserve möglichst trocken gehalten werden sollte, versteht sich von selbst.

2. Schritt: Machen Sie mit zwei Stöckchen Feuer (s. Seite 23) oder reißen Sie ein Zündholz an, halten Sie den Kopf kurz nach unten, damit sich die Flamme stabilisiert und sicher brennt. Halten Sie die Flamme an den Zunder und legen (legen, nicht werfen!) Sie Zunder nach, bis das Feuer schön brennt. Wenn später die Pyramide brennt, stürzen die äußeren Stöcke nach innen, was den Flammen neues Futter gibt. Legen Sie erst kleinere Holzstücke nach, später dann größere Klötze.

3. Schritt: Wenn Ihnen das trockene Holz ausgeht: Trockenes Gras, das zu Knäueln gepresst wird, und trockener Tierdung brennen hervorragend. Kein Mann sollte ohne Letzteres aus dem Haus gehen.

Wie man …
von einer Bühne springt

Wie man … beim Armdrücken gewinnt

Zum Glück müssen Sie nicht zwei Meter groß und muskelbepackt sein, um beim Armdrücken zu gewinnen: Geschwindigkeit, Technik und Strategie sind ebenso wichtig wie reine Kraft. Der Schlüssel zum Erfolg besteht darin, den Gegner so zu überrumpeln, dass Sie zu dem Zeitpunkt, wenn er versteht, was gerade abgelaufen ist, bereits geduscht und umgezogen sind und in der Bar auf Ihren Sieg anstoßen.

Top-rolling ist die einfachste und effektivste Technik beim Armdrücken, vorausgesetzt Sie bekommen Sie richtig hin. Bei dieser Methode kommt es weniger auf Bizeps und Unterarm an, vielmehr auf die Kraft in der Hand, den Fingern und dem Handgelenk. Ihr Ziel ist, die Hand Ihres Gegenübers mit aller Kraft zusammenzupressen. Das zwingt ihn, seinen Griff zu »öffnen«, und erlaubt Ihnen, ihn weiter oben zu packen. Dadurch fehlt Ihrem Gegner die Kraft, die er braucht, während Sie einen günstigeren Hebel bekommen. Jetzt können Sie ihm den Gnadenstoß versetzen und den Arm auf den Tisch zwingen. So sollte das zumindest in der Theorie ablaufen …

Die Grundhaltung

Machen Sie vor sich eine Faust, wobei Daumenspitze und -nagel auf Ihre Nase zeigen. Der Daumen sollte dabei 20 cm von der Nase entfernt sein. Die Linie zwischen Schulter und Ellbogen (entspricht etwa dem Bizeps) sollte hinter Ihrem Unterarm sein; wenn der Ellbogen weiter vor steht als der kleine Finger, zeigt Ihr Unterarm schon wieder zum Körper, und Sie werden unweigerlich verlieren.

Sehen Sie auf Ihren Zeigefinger hinunter. Die ersten beiden Knöchel sollten zur Decke hoch zeigen, wenn Sie die Faust machen. Stellen Sie sich eine horizontale Linie zwischen diesen beiden Knöcheln vor – Ihre Aufgabe besteht später darin, diese Linie zu Ihrer Nase hin zu ziehen. Denn beim Armdrücken geht es verblüffenderweise überhaupt nicht darum, seitlich zu drücken. Sie versuchen allein, den Arm in der Position zu halten, in der man am meisten Kraft ausüben kann (der Startposition), und dann den Arm nach hinten zum Körper zu ziehen, als lege man einen langen Hebel um, der aus dem Tisch ragt.

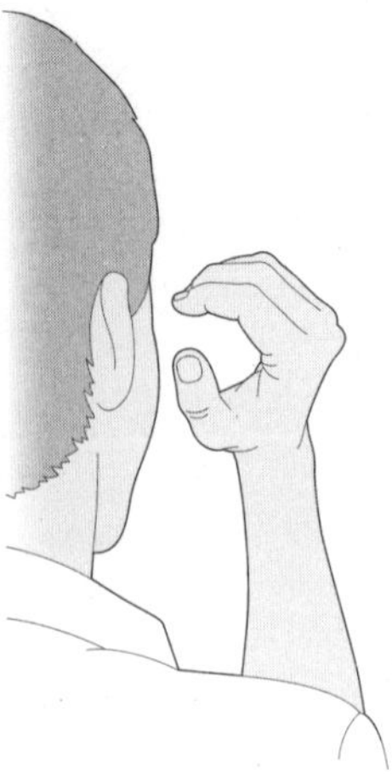

Grundgriff und -haltung (der Gegner ist offensichtlich nicht abgebildet).

Ihr Arm und Körper sollten in dieser Idealposition bleiben und immer als Einheit bewegt werden. Der Arm bewegt sich natürlich, vorzugsweise nach links, in Richtung Sieg, aber die Winkel von Handgelenk und Fingern müssen die ganze Zeit gleich bleiben, sonst verlieren Sie Kraft und riskieren Verletzungen.

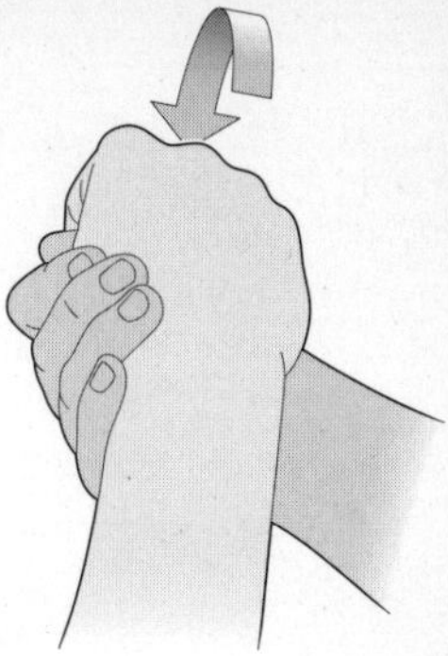

Greifen Sie höher über die Hand des Gegners, um sich einen größeren Hebel zu verschaffen.

Die Technik

Beim Top-rolling zielen Sie darauf ab, Ihren Gegner dadurch zu besiegen, dass Sie sein Handgelenk nach hinten biegen und seinen Arm nach unten drücken. Klingt ja einfach genug.

Ziehen Sie den Arm in einer gleichmäßigen Bewegung zu sich, sobald das Kommando zum Anfangen ergangen ist. Reißen Sie den Arm dabei nicht hektisch zu sich. Denn dadurch werden Sie den Gegner voraussichtlich nicht schneller in die Knie zwingen, sondern vielmehr Ihre optimale Haltung verlieren, die oben erwähnt wurde. Ziehen Sie seinen Arm kraftvoll zu sich her, von seinem Körper weg. Dadurch zwingen Sie ihn aus seiner optimalen Haltung. Gehen Sie rasch vor, um schnell einen besseren Hebel zu bekommen und Ihren Vorteil auszubauen. Versuchen Sie, seine Hand weiter oben zu fassen, sobald er seinen Griff lockert, und drücken Sie dann wieder fest zu. Setzen Sie das fort, bis Ihr Hebel so gut wird, dass Sie den Gegner niederzwingen können.

Eine kurze Warnung …

… für den unwahrscheinlichen Fall, dass Ihr Gegenüber irgendwie die Oberhand gewinnt: Sorgen Sie dafür, dass Ihre Schulter und Ihr ganzer Körper weiter eine Einheit mit dem Arm bilden und sich in die gleiche Richtung mitbewegen. Vergessen Sie nicht plötzlich alles, was Sie gerade gelernt haben. Drücken Sie also nicht plötzlich wie irre seitwärts, sondern halten Sie den Druck auf seine Hand aufrecht, schwächen Sie seinen Griff und fangen Sie wieder an, ihn in die Defensive zu bringen. Behalten Sie immer die optimale Haltung, schöpfen Sie Ihre letzten Reserven aus und zeigen Sie ihm mit dem »bösen Blick«, dass er keine Chance hat. Dann ringen Sie Ihren Gegner wahrscheinlich nieder.

Wie man …
ein gefährliches wildes Tier abwehrt

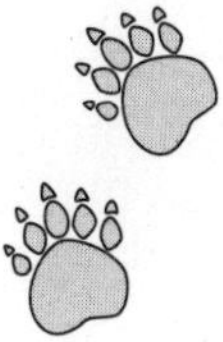

Die meisten Tiere, die man im Leben so trifft, sind niedlich und flauschig: Kätzchen, Ponys und kleine Häschen mit großen weichen Ohren, die nichts anderes wollen, als ihre Nasen an Ihrer zu reiben. Was aber ist mit diesen fiesen, bösen Biestern, die es vorziehen, Sie zu zerreißen, zu zerbeißen und zu zertrampeln? Wie entkommen Sie ungeschoren, wenn solche Tiere angreifen? Zum Glück verrät Ihnen dieses Handbuch, wie Sie Angriffe der vier gängigsten gefährlichen Tierarten mit heiler Haut überleben.

Wie man sich knurrende, schnappende Hunde vom Leib hält

Nun, nicht alle Hunde sind Bastarde, aber da man sich nie sicher sein kann, bis einer angreift und nach Ihrem Hals schnappt, lohnt es sich, allen Hunden mit Vorsicht zu begegnen.

Die goldene Regel lautet: Nähern Sie sich nie einem unbekannten Hund, insbesondere nicht in seinem Revier und niemals, wenn er frisst, schläft, etwas kaut oder von Welpen umgeben ist. Die meisten Hunde beißen nur im äußersten Notfall. Sie bellen, knurren und stellen die Brusthaare auf, um ihr Revier zu verteidigen und Ihnen klarzumachen, dass Sie sich trollen sollten, aber das ist normalerweise reines Imponiergehabe.

Wenn der Hund auf Abstand bleibt oder vor Ihnen zurückweicht, sieht er Sie als dominant an und wird sich hüten, Sie anzugreifen.

Wenn der Hund sich auf den Rücken rollt, mit dem Schwanz wedelt und seine große Schlabberzunge heraushängen lässt, befinden Sie sich nicht in unmittelbarer Lebensgefahr. Dann will Schnuffi nur Ihre Hand lecken und an Ihrem Schritt riechen. Solche Hunde stellen keine Gefahr dar.

Wenn ein Hund aber knurrend auf Sie zu kommt und Sie mit hoch erhobenem Schwanz anstarrt, möchte er einen Happen von Ihnen abbeißen. Das Schlimmste, was Sie jetzt tun könnten, wäre umzudrehen und davonzulaufen oder nur zu gehen – der natürliche Instinkt eines Hundes ist, die Verfolgung aufzunehmen.

Ziehen Sie sich ganz langsam zurück, immer dem Hund zugewandt. Zeigen Sie keine Angst. Hunde können an Ihren Augen und Ihren Bewegungen sehen, ob Sie Angst haben. Hunde sind auch so paranoid, dass sie sich bedroht fühlen, wenn Sie ihnen in die Augen sehen. Vermeiden Sie also Augenkontakt. Wenn ein Hund sieht, dass Sie ihn anlächeln, und sei es aus reiner Nervosität, glaubt er, Sie entblößten Ihre Zähne und wären auf Kampf aus.

Bleiben Sie ruhig, reden Sie mit fester Stimme auf den Hund ein. Machen Sie vielleicht ein Kompliment über sein hübsches glattes Fell und seine prächtigen, kräftig aussehenden Zähne, während Sie sich ganz langsam aus seinem Revier zurückziehen.

Das genügt möglicherweise schon. Aber wenn es wirklich hart auf hart kommt und der Hund versucht, Sie zwischen die Kiefer zu bekommen, brauchen Sie etwas, mit dem Sie ihm das Maul stopfen können. Soll er sich doch in einen Mantel, Regenschirm oder Koffer verbeißen, solang er nur alles in Ruhe lässt, was mit Blut gefüllt und mit Ihrem Körper verbunden ist.

Wenn nichts Geeignetes zur Hand ist, sollten Sie ihm Ihren Unterarm zum Fraß vorwerfen, vorzugsweise sollte der Arm natürlich in einer dicken Jacke stecken, die den Schmerz lindert. Es bleibt Ihnen da keine Wahl: Wenn Sie dem Hund nicht den Arm entgegenhalten, wird er versuchen, Ihnen an den Hals zu springen oder Sie umzuwerfen und dann den Kopf anzugreifen. Drehen Sie den Arm so, dass der Biss auf die Seiten des Unterarms geht, nicht auf die Unterseite, wo die wichtigen Arterien im Angebot stehen. Versuchen Sie nicht, sich zu befreien, wenn er zugeschnappt hat. Das ist genau, was wütende Hunde mit kräftigen, bissfreudigen Kiefern wollen. In diesem Kampf würden Sie den Kürzeren ziehen und schreckliche Armwunden erleiden. Anstatt zu versuchen, die Hand, die Faust oder den Arm aus dem Maul zu ziehen, sollten Sie den Körperteil weiter in das Maul hineinpressen, um den Atemweg des Hundes zu blockieren. Dann wird er zu würgen beginnen, außerdem verwirrt der Sauerstoffmangel sein Gehirn. Dies ist nur für den äußersten Notfall gedacht, ebenso wie der Versuch, dem Hund mit der freien Hand in die Augen zu stechen. Wenn es nur noch um die Frage geht, ob Ihnen der Arm ernsthaft angekaut wird oder ein wütender, verbissener Köter ein wenig Schmerz erleidet, dann dürfen Sie nicht zögern.

Stoßen Sie ihn, schubsen Sie ihn oder schlagen Sie ihn, wenn er dadurch nur aufhört. Beim Kampf mit Hunden gilt kein Regelbuch.

Und zum Schluss, denn dieser Zwischenfall zieht sich jetzt schon zu lange hin, noch der Rat, was zu tun ist, wenn der Hund Sie zu Boden geworfen hat und sich aussuchen kann, wo er hineinbeißt: Bleiben Sie so ruhig und unbeweglich wie möglich. Rollen Sie sich eng zu einer Kugel zusammen, die Hände über den Ohren. (Hunde essen gern Schweineohren, und Ihre werden recht ähnlich schmecken.) Schützen Sie dabei den Hals mit den Knien. Sollte der Hund sich mit Ihrem leblosen Körper nicht zu langweilen beginnen und weiterbeißen, bieten Sie ihm einen Arm zum Ankauen an und beginnen Sie, mit allen schmutzigen Tricks zurückzuschlagen.

Wie man einen Haiangriff überlebt

Statistisch betrachtet, besteht ein größeres Risiko, von einer Biene in den Hintern gestochen zu werden, als von einem Hai gebissen zu werden, aber es gibt immer ein paar faule Äpfel, die die ganze Hai-Branche in Verruf bringen, weil sie Badende beißen, verstümmeln und fressen. Weiße Haie, Bullen-, Tiger und Weißspitzen-Hochseehaie haben in der Vergangenheit schon Menschen angegriffen, machen Sie also Ihre Hausaufgaben, bevor Sie sich in ihre Nachbarschaft wagen.

Experten zufolge beruhen viele Hai-Angriffe auf einer traurigen Verwechslung. Der Hai hält Sie für Plankton, beißt mal ab, merkt, dass Sie falsch schmecken, und flüchtet, verwirrt und verängstigt über die Bedrohung, die Sie möglicherweise darstellen. Die gleichen Experten, die ihr Leben dem Haistudium gewidmet haben, raten übrigens, bei einem fortgesetzten Angriff durch einen Hai am besten aus dem Wasser zu flüchten. Wirklich. So einfach ist das.

Im Regelfall merkt das Opfer erst dann etwas vom Angriff eines Hais, wenn das Biest plötzlich aus dem Nichts auftaucht und schmerzhaft in ein Körperteil des Opfers beißt. Wenn Sie dann nicht schnell aus dem Wasser kraxeln können, besteht Ihre beste Chance darin, sich zu wehren.

Schlagen und stechen Sie in die verletzlichsten Körperteile – die Augen und die Kiemen –, als ob Ihr Leben davon abhinge. Setzen Sie alles als Waffe ein, was greifbar ist. Schlagen Sie auf die Nase des Hais, wenn Sie an Augen und Kiemen nicht herankommen, bedenken Sie aber, dass die Nase direkt am Mund liegt, der voll rasiermesserscharfer Zähne ist. Wenn der Hai sich nach einem Angriff zurückhält, wartet er möglicherweise schlicht darauf, dass Sie an den Wunden sterben, die er Ihnen beigebracht hat. Nutzen Sie die Zeit, um die Flucht aus dem Wasser voranzubringen, aber seien Sie darauf gefasst, dass Sie sich weiter verteidigen müssen. Wenn Sie Glück haben und es schaffen, sich vom Hai nicht unterkriegen zu lassen, wendet er sich vielleicht von Ihnen ab, verzieht sich und sucht sich ein anderes Opfer.

Wie man einem wilden Stier ausweicht

Es heißt, ein Stier belästige Sie nur, wenn Sie ihn zuerst belästigen. Halten Sie sich von seiner Weide fern und nichts wird passieren. Punkt.

Was aber, wenn kein Weg daran vorbeiführt, über sein Revier zu laufen? Dann bleibt Ihnen nichts anderes übrig, als sich möglichst fern von ihm zu halten und die Weide ruhig, selbstsicher und flotten Schrittes zu überqueren.

Doch was tun, wenn Sie das Interesse des Stiers erregen? Laufen Sie in Sicherheit, wenn das geht, und zwar so schnell die Füße tragen. Überschlagen Sie vorher aber immer die Entfernungen: Ein Stier, der es darauf anlegt, läuft in der Regel schneller als Sie, holt Sie also über kurz oder lang ein, wirft Sie mit den Hörnern in die Luft und trampelt dann über Sie drüber. Wenn alles zu spät ist, der Stier schon durch die Nase schnaubt und mit dem Vorderhuf über den Boden kratzt, besteht Ihre beste Chance darin, Torero zu spielen. Reißen Sie sich Jacke oder Hemd herunter. Stiere sind mächtige Kreaturen mit scharfen Hörnern, aber im Grunde leicht zu täuschen, weil sie auf Bewegungen reagieren. Wenn Sie ein Kleidungsstück auf Armeslänge neben den Körper halten, wird das den Stier verwirren und ablenken.

Bleiben Sie stocksteif stehen und warten Sie ab. Greift der Stier wirklich an, werfen Sie ihr provisorisches Torero-Tuch (die »Capote«) von sich, sobald er auf vier, fünf Meter herangekommen ist. Der Stier wird auf das Tuch losgehen, statt auf Sie, dann wird er verwirrt einhalten. Das verschafft Ihnen vielleicht die Gelegenheit, Ihre Flucht zu vollenden.

Wenn Sie es allerdings noch weit bis in Sicherheit haben, müssen Sie diesen Vorgang möglicherweise mit weiteren Kleidungsstücken wiederholen und sich jedes Mal ein paar Meter weiter Richtung Sicherheit stehlen. Fahren Sie auf diese Weise fort, bis Sie zu einem Zaun kommen, hinter dem Sie sicher sind. Mittlerweile stehen Sie vielleicht nur noch in Unterhosen da – und die sind womöglich beschmutzt.

Eine andere Denkschule behauptet, ein Stier lasse sich unterwerfen, indem man seinen Nasenring packt und kräftig dreht. Doch so etwas würde nur ein absoluter Schwachkopf probieren. Und gewisse Fähigkeiten gehen Ihnen vielleicht zwar ab, aber ein Schwachkopf sind Sie nicht!

Wie man mit einem Krokodil ringt

Die einfachste Art, wie man vermeidet, einem Krokodil in die Kiefer zu geraten, besteht darin, nicht Urlaub in Florida zu machen und dort mit einem kleinen Boot durch die Sümpfe zu fahren. Wir kennen die Filme und wissen, wie das ausgeht.

Die meisten Krokodile fürchten sich vor Menschen und ziehen die Sicherheit des Wassers vor, dennoch schauen sie kurz mal an Land vorbei, wenn Sie ihnen ein verführerisches Bein hinhalten. Krokodile öffnen ihr Maul und zischen, wenn jemand in ihr Revier eindringt und sie in Ruhe gelassen werden wollen. Lassen Sie sich das nicht zweimal sagen und ziehen Sie sich rasch zurück.

Krokodile hingegen, die es auf Sie abgesehen haben, werden wahrscheinlich aus der Deckung des Wassers hervorschießen, und zwar mit einer Geschwindigkeit von bis zu 50 km/h. Wenn ein Krokodil Sie derart überrumpelt hat, besteht Ihre beste Chance darin, ein wenig mit ihm im Schlamm zu catchen.

Das Krokodil hat vor, Sie mit dem Maul zu packen, ins Wasser zu ziehen und dort so lang herumzuschütteln, bis Sie in mundgerechten Happen auseinanderfallen.

Ihre einzige Hoffnung besteht darin, so schnell wie möglich auf den Rücken des Krokodils zu gelangen, den Hals nach unten zu drücken, sodass es nicht zubeißen kann, und zu beten, dass Ihnen schnell ein Parkwächter mit Gewehr zu Hilfe eilt.

Wenn es dem Krokodil gelingt, sich in ein Körperteil zu verbeißen, schlagen Sie ihm fest auf die Schnauze. Das Tier wird dann sein Maul öffnen und Sie bekommen Ihr Körperteil zurück.

Einige Experten schlagen vor, man solle die Augen des Tiers zuhalten, das mache sie zahmer. Vielleicht hilft es ja auch, ihnen ein sanftes Klagelied ins Ohr zu singen. Aber wenn Sie aus dem ganzen Kapitel nur eines mitnehmen, dann sollte es das sein: Halten Sie ihm das Maul zu, indem Sie Druck auf seinen Hals ausüben und bleiben Sie auf ihm, bis endlich Hilfe kommt. Ach ja, und beten kann nicht schaden.

Wie man ... die verlässlichsten Knoten macht

Leider gibt es nicht den einen perfekten Knoten für jede Gelegenheit, sondern viele, viele Knoten für verschiedenste Anwendungsgebiete. Im Moment kennt man mindestens 350 sinnvolle Befestigungsmethoden; wir stellen im Folgenden nur drei zentrale Knoten mit drei wichtigen Anwendungsgebieten vor. Leider hatten wir nicht den Platz, um so praktische Knoten vorzustellen wie den Corned-Beef-Knoten (wird verwendet, um Corned Beef beim Kochen zusammenzuhalten) oder den Prusikknoten, einen bei Kletterern beliebten Klemmknoten, den ein Wiener Musiklehrer erfand.

Ein Knoten, mit dem man Gegenstände festmachen kann

Wenn Sie das nächste Mal einen unhandlichen Gegenstand (zum Beispiel einen Überseekoffer oder ein Bäumchen) auf Ihrem Autodach transportieren wollen, befestigen Sie ihn am besten mit dem möglicherweise einfachsten aller Knoten: dem Kreuzknoten. Dieser wurde von Fischern erfunden und ist so einfach, dass selbst ein Pfadfinder-Wölfling ihn im Schlaf beherrschen sollte. Wer ein ganzer Kerl sein will, sollte diesen Knoten also immer in der Hinterhand haben.

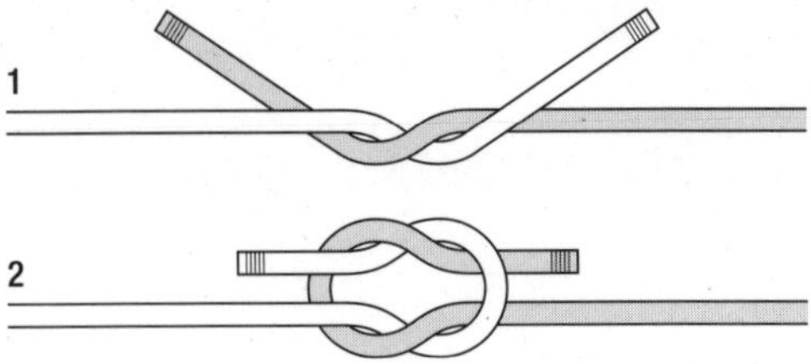

Verschlingen Sie die zwei Seile wie gezeigt und überkreuzen Sie die beiden Enden (Abb. 1). Führen Sie beide Enden wieder zurück und durch die Schlinge. Ziehen Sie dann gleichmäßig an, um den Knoten festzuziehen (Abb. 2)

Ein Knoten, mit dem man zwei Seile verbinden kann

Wenn Sie vorhaben, sich heroisch an der Fassade eines Gebäudes abzuseilen,* brauchen Sie nichts weiter als den doppelten Spierenstich (der Name kommt aus der Seglersprache, woraus wir ableiten, dass Segler sich wohl in ihrer Freizeit gern an Gebäuden abseilen). Er eignet sich, um zwei Seile miteinander zu verbinden, die – und das ist das Praktische daran – etwa gleich oder unterschiedlich dick sein dürfen. Der Knoten ist leicht zu knüpfen, lässt sich später allerdings nur schwer wieder lösen – wenn man hundert Meter über dem Bürgersteig hängt, ist man für einen Knoten dankbar, der nicht so leicht plötzlich aufgeht.

* Das können wir natürlich nicht empfehlen. Der doppelte Spierenstich eignet sich ebenso dafür, ein Auto abzuschleppen oder eine Angelschnur zu verlängern, was beides deutlich ungefährlicher ist.

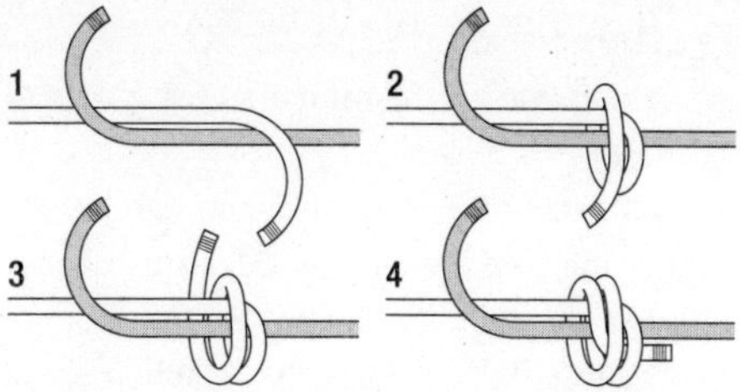

Überkreuzen Sie beide Enden (Abb. 1), wickeln Sie dann ein Ende zwei volle Runden um beide Seile (Abb. 2 und 3), führen Sie das Ende durch die Schlaufe und ziehen Sie fest (Abb. 4).

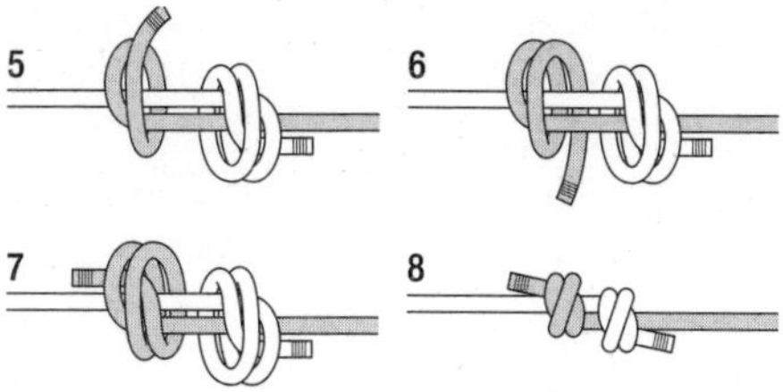

Wiederholen Sie das mit dem anderen Ende (Abb. 5 bis 8) und ziehen Sie dann an beiden Enden, um den Knoten sicher festzuziehen.

Ein Knoten, mit dem man einen Einbrecher fesseln kann

Nachdem Sie den Eindringling mit einem Schlag (mit einem Holzscheit oder einem billigen Ziergegenstand) auf den Kopf außer Gefecht gesetzt haben, sollten jetzt zwei Vögelchen zwitschernd über dem zusammengesunkenen Körper kreisen. Wenn der Spitzbube in ein paar Minuten wieder zu sich kommt, wird er sich entweder vom Acker machen oder Ihnen eins überbraten und Ihre Lebensersparnisse aus der Keksdose unter dem Bett stehlen. Sie müssen ihn also fesseln, bis die Polizei kommt.

Am besten setzen Sie ihn auf einen stabilen Stuhl und binden seine Handgelenke mit der supersicheren Fesselschlinge zusammen, einem Knoten, der viel leichter zu knüpfen als zu lösen ist. Machen Sie eine weitere Fesselschlinge um jedes Fußgelenk und warnen Sie den Schurken, dass er sich ernsthaft verletzen kann, wenn er sich mit Gewalt zu befreien versucht. Wenn die Polizei dann endlich kommt, wird sie allerdings Sie wegen schwerer Körperverletzung mitnehmen und den Einbrecher verwarnen und laufen lassen. Justizia ist wirklich blind.

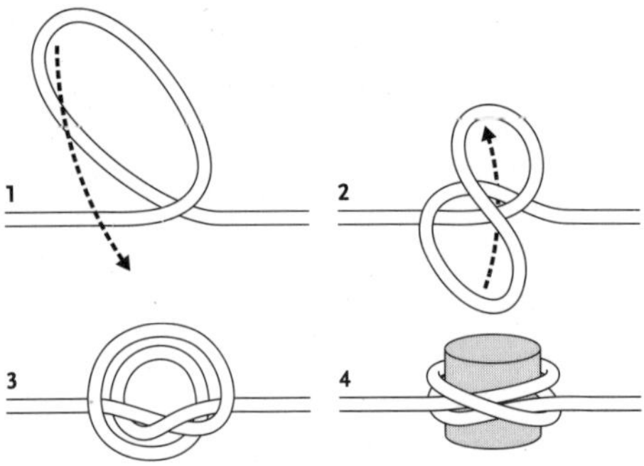

Machen Sie eine Schlaufe ins Seil (Abb. 1), drehen Sie weiter, bis das Seil eine Acht bildet (Abb. 2). Drehen Sie weiter, bis die zwei Enden der Acht eigene Schlaufen werden (Abb. 3). Legen Sie beide Schlaufen über die Hände und ziehen Sie fest (Abb. 4). Handeln Sie schnell, bevor der Einbrecher wieder zu sich kommt.

Wie man … vernünftig wirft (und nicht wie ein kleines Mädchen)

Egal, was Sie werfen, sei es ein versabberter Tennisball zum Apportieren oder ein Stein ins Glashaus des Nachbarn: Hier steht Ihr Ruf als ganzer Kerl auf dem Spiel.

Man wird Sie anhand von zwei Kriterien bewerten, wenn Sie irgendwo irgendwas werfen: wie weit das geworfene Objekt kommt und ob Sie beim Werfen aussehen wie eine Tussi auf Stöckelschuhen. Folgende fünf Schritte sollen sicherstellen, dass Sie in beiden Kategorien gut abschneiden …

1. Schritt: Wählen Sie ein Ziel und stellen Sie sich seitwärts zu ihm auf, die Beine etwa schulterbreit gespreizt. Das gibt Ihnen einen sicheren Stand. Wenn Sie Rechtshänder sind, sollten Ihr linker Fuß und Arm auf das Ziel zeigen, wobei der linke Arm aus Balancegründen auf Schulterhöhe gehalten wird. (Offensichtlich gelten alle Anweisungen spiegelverkehrt, wenn Sie Linkshänder sind.)

2. Schritt: Heben Sie den rechtwinklig abgebogenen Wurfarm etwa auf Schulterhöhe. Der andere

Arm zeigt noch immer Richtung Ziel; zusammen bilden Ihre Arme ein liegendes L.

3. Schritt: Während der Wurfarm nach vorn schwingt, sollte der Ellbogen des Arms immer mindestens auf Höhe der Schulter bleiben. Das Gewicht verlagert sich vom hinteren auf den vorderen Fuß; lassen Sie den Ball los, während der Körper eine 90°-Drehung zum Ziel hin macht (Ihre Brust zeigt jetzt auf das Ziel). Der ideale Abwurfwinkel für größtmögliche Weite liegt um 45 Grad. Werfen Sie steiler ab, steigt das Wurfobjekt höher, kommt aber nicht so weit. Werfen Sie flacher, ist die Flugkurve zu flach und das Objekt kommt ebenfalls nicht weit.

4. Schritt: Um den Wurf möglichst un-tuntig abzuschließen, sollten Sie den Wurfarm nach Loslassen des Objekts weiter nach unten und quer über den Körper durchschwingen, bis er neben der Hüfte landet. Wenn Sie mit maximaler Kraft geworfen haben, sollte der nicht-dominante Arm am Ende hinter den Körper geschwungen sein.

5. Schritt: Wenn Sie besonders weit kommen müssen, nehmen Sie ein paar Schritte Anlauf. Achten Sie aber darauf, im Gleichgewicht zu bleiben und den Kopf ruhig und aufs Ziel gerichtet zu halten, bis das Wurfobjekt einschlägt. Ein Wurf wie aus dem Lehrbuch. Nicht im Geringsten mädchenhaft.

Wie man … sich an den Sternen orientiert *

Hier ein uralter und unfehlbarer Trick, wie er von wettergegerbten alten Seeleuten und Alkoholikern, die mitten in der Nacht in einem Gebüsch aufwachen, angewendet wird. Falls Sie jemals total die Orientierung verloren haben, müssen Sie nur zum Nachthimmel aufschauen und warten, bis die Augen wieder scharf sehen. Hilfreich wäre auch, wenn Sie wüssten, auf welcher Hemisphäre Sie sich befinden. Das wird Ihnen dabei helfen, sich wieder zurechtzufinden …

Orientierungslos auf der Nordhalbkugel

Sehen Sie nach oben und suchen Sie nach zwei Sternbildern: dem Großen Bären (alias Ursa Maior oder Großer Wagen) und Kassiopeia. Der Große Bär ist eine Konstellation aus sieben Sternen, die ein wenig an einen Pferdewagen erinnert, aber ganz und gar nicht aussieht wie ein Bär.

Kassiopeia lässt noch weniger Raum für die Fantasie; das Sternbild besteht schlicht aus fünf Sternen, die ein senkrecht stehendes W bilden.

* Obwohl die Position der Sterne am Nachthimmel von Ihrem Standort und der Jahreszeit abhängt, bleibt die relative Position dieser Konstellationen zueinander konstant. Das können Sie sich einprägen.

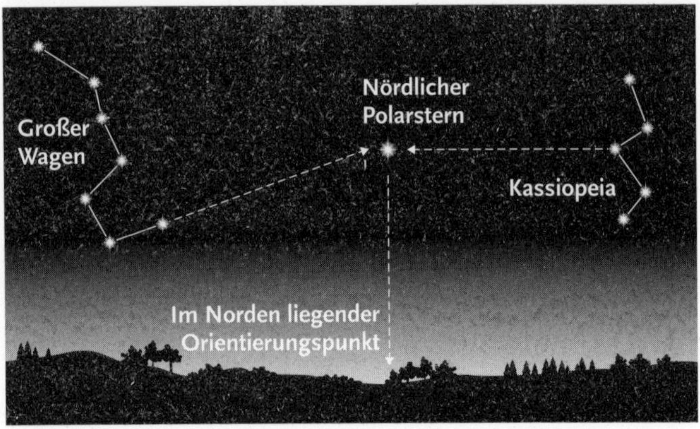

Beide sind in sternklaren Nächten sichtbar, sie stehen sich immer gegenüber und rotieren um den nördlichen Polarstern, auf den es hier ankommt, weil er lustigerweise immer im Norden steht.

Den nördlichen Polarstern finden Sie, wenn Sie die zwei Sterne an der »Rückwand« des großen Wagens miteinander verbinden und diese Linie etwa um die fünffache Strecke verlängern. Überprüfen Sie Ihr Ergebnis – nicht dass Sie geradewegs nach Westen in einen Sumpf hineinlaufen –, indem Sie nachsehen, ob der mittlere Stern von Kassiopeia (die mittlere Spitze des W) auf diesen Stern zeigt.

Sollte dem so sein, gehen Sie vom Polarstern senkrecht nach unten zum Horizont. Prägen Sie sich einen Orientierungspunkt in der Landschaft ein, der möglichst nahe an diesem Punkt unter dem Polarstern liegt. Hier liegt Norden. Gegenüber liegt natürlich Süden, und den Rest finden Sie selbst heraus.

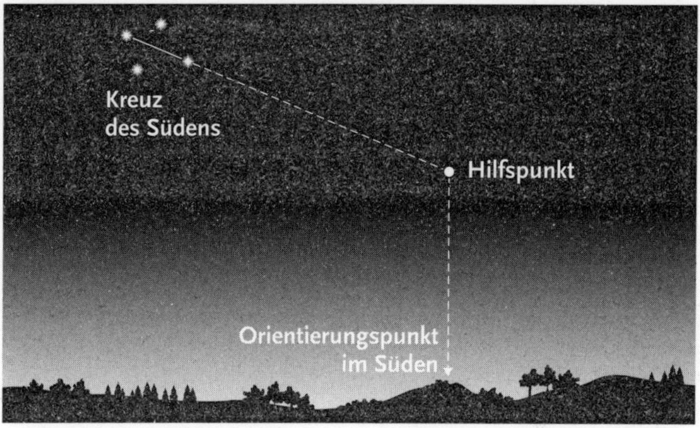

Orientierungslos auf der Südhalbkugel

Dort ist es schwieriger, die Himmelsrichtungen herauszufinden, weil es weder Fauna noch Fahrzeuge gibt, die einem die Richtung weisen. Daher müssen Sie das Kreuz des Südens identifizieren – vier helle Sterne, die ein nach links gekipptes Kreuz bilden. Ziehen Sie im Geist eine Linie von der Spitze des Kreuzes zum Fuß und verlängern Sie diese Linie um das Fünffache, von links nach rechts. Gehen Sie von dort, wo die gedachte Linie endet, senkrecht nach unten und suchen Sie nach einem Orientierungspunkt in der Nähe des Punktes, wo die senkrechte Linie und der Horizont sich schneiden. Wenn Sie's richtig gemacht haben, liegt genau in dieser Richtung Süden. Der Rest ist klar. Also, los geht's.

Wie man ...

von einem fahrenden Zug springt

Leider hat es *Wie man... auf dem Dach eines fahrenden Zuges rauft, wie sie es in den guten alten Zeiten gemacht haben* nicht in die Endauswahl geschafft, aber der klassische Sprung vom fahrenden Zug gehört natürlich in dieses Buch. Früher blieb Helden oft nichts anderes übrig, als sich aus Zügen zu werfen, um einem verheerenden Crash auszuweichen oder einem bewaffneten Schurken, der dem Helden an den Kragen wollte. Heutzutage würden Sie diese Fähigkeiten wohl eher anwenden, um einem allzu diensteifrigen Fahrkartenkontrolleur aus dem Weg zu gehen, aber denken Sie daran, dass Sie sich nicht so mir nichts dir nichts vom Zug werfen dürfen.

Unsere Anwälte bestehen darauf, dass wir hier Folgendes unterstreichen: Es gibt keine absolut sichere Methode, wie ein Durchschnittsmann gefahrlos aus einem fahrenden Zug springen könnte. Was es gibt, ist der Stuntman-Ansatz, mit dem das Risiko minimiert wird, auf dem Kopf zu landen oder sich bei der Landung beide Beine zu brechen.

Wichtig: Der Zug darf nicht schneller als 30 km/h fahren, sonst gehen Sie bei diesem Stunt vermutlich drauf. Und Sie müssen aus einer Tür springen, nicht vom Dach, sonst sterben Sie ebenfalls. Davon mal abgesehen, ist alles ganz einfach:

Wahl des Absprungortes

Normalerweise eignen sich Türen am besten für einen Abgang, vorzugsweise offene. Sie benötigen genug Platz, um einen kurzen Anlauf nehmen zu können, und eine Türöffnung, die weit genug ist, dass Sie bequem durchpassen. Achten Sie darauf, dass Ihr Fuß dort, wo Sie später abspringen werden, guten, sicheren Halt haben wird. Denn Sie müssen bei Ihrem Sprung aus dem Zug weit genug kommen, dass Sie den Gleisbereich sicher verlassen.

Wahl des Landeplatzes

Stellen Sie sich an den Absprungort und richten Sie den Blick auf der Suche nach einer Landezone nach vorn. Sie sind klug genug zu wissen, dass Ihr Landeplatz frei von Felsen, Stacheldrähten und Weidetieren sein muss. Warten Sie mit dem Sprung ab, bis ein flaches, weiches Stück Land in Sicht kommt. Der ideale Landeort wäre ein Heuhaufen, der nächstbeste ein weicher grasbewachsener Abhang, der von den Bahngleisen sanft nach unten führt. Das Gefälle dämpft den Aufprall bei der Landung.

Der Absprung

Bereiten Sie sich beim Sprung darauf vor, sich beim Aufkommen am Boden abzurollen. Landen Sie, wie Fallschirmspringer es tun, um den Aufprall abzufedern: mit geschlossenen Beinen und leicht angewinkelten Knien, den Körper im Flug leicht auf die Seite gedreht, auf der man landen will. Danach ist es denen zufolge, die sich damit auskennen, nur noch eine Frage von »Hintern und Ellbogen«. Alles, was Sie im Leben bisher über Fallen und Abrollen gelernt haben, wird jetzt unvermeidlich durchkommen.

Alternativ können Sie natürlich auch, wenn Sie sich dem Absprungort nähern und merken, dass die Idee, vom Zug zu springen, nicht zu den allerklügsten gehört, die Aktion abbrechen, im Zug bleiben, grummelnd die Strafe fürs Schwarzfahren bezahlen und wohlbehalten am Zielbahnhof aussteigen. Sie haben die Wahl.

Wie man …

grillt wie ein Mann

Die meisten Männer werden von glühenden Kohlen angezogen wie Fliegen von Hundehaufen. Trotzdem wissen nur die wenigsten Männer, wie man richtig grillt. Mit »richtig« meinen wir, dass das Fleisch vernünftig gebraten wird und kein Gast im Krankenhaus landet, weil Sie ihn vergiftet haben. Aber wir greifen hier vor …

Wenn Sie Fleisch garen wollen wie zu Urgroßvaters Zeiten, entzünden Sie das Feuer, indem Sie zwei Stöckchen aneinanderreiben. Aber da Sie vermutlich ein ungeduldiger kleiner Pyromane sind, nehmen Sie wohl eher ein Zündholz. Übrigens würde kein Mann, der etwas auf sich hält, einen Gasgrill verwenden; die folgenden Regeln gelten also für klassische Holzkohle-Grills.

1. Schritt: Verzichten Sie auf leichtentzündliche oder mit Zusätzen »verbesserte« Holzkohle, außer Sie stehen auf Fleisch, das unverkennbar nach Petroleum schmeckt. Mit natürlicher Holzkohle und unbehandeltem Holz fahren Sie viel besser. Bilden Sie einen kleinen Haufen aus Kohle und Holz in der Mitte des Grills, verteilen Sie darin drei Paraffin-freie Grillanzünder in Dreiecksformation, zünden Sie sie an und warten Sie, bis die Flammen sich ausbreiten.

Steak – die Daumenregel

(bzw. Fingerregel)

Wenn Sie ein Steak aufschneiden, um nachzusehen, ob es durch ist, läuft der ganze gute Fleischsaft aus. Experten überprüfen, wie weit das Fleisch ist, indem sie mit dem Finger hineindrücken. Die folgende Aufstellung gibt Vergleiche, wie weich das Fleisch sich anfühlen sollte.

Blutig: Öffnen Sie die Hand, die Finger sind locker und weder gespreizt noch zusammengedrückt. Berühren Sie jetzt mit dem Zeigefinger der anderen Hand den Bereich zwischen dem Daumen und dem Zeigefinger. Wenn Sie in die Mitte eines blutigen Steaks drücken, sollte es sich so anfühlen.

Medium: Spreizen Sie die Finger weiter auseinander und drücken Sie dieselbe Stelle noch mal. So fühlt sich medium gebratenes Steak an.

Durch: Machen Sie eine Faust und drücken Sie wieder. Es sollte sich jetzt fest anfühlen. Sie können auch Ihre Nasenspitze betasten, die sollte ebenso fest sein wie ein durchgebratenes Steak – außer Sie haben die fette, aufgedunsene Nase eines unverbesserlichen Säufers.

2. Schritt: Wenn Sie flüssigen Grillanzünder verwendet haben, müssen Sie eine halbe Stunde warten, bis sich alle seine Dämpfe verzogen haben. Etwa genau so lang dauert es sowieso, bis das Feuer heruntergebrannt ist und eine Hitze abgibt, in der Sie das Fleisch gefahrlos braten können. Nutzen Sie die Zeit bis dahin, um letzte Vorbereitungen beim Fleisch zu treffen und Ihre witzige »Hier kocht der Chef«-Schürze anzulegen.

3. Schritt: Nach einer halben Stunde sollten die Kohlen staubig weiß aussehen, mit einem bedrohlichen roten Glühen. Das ist ein gutes Zeichen. Vielleicht halten Sie es ja für männlich, Fleisch über lodernden Flammen zu braten, aber das bringt gar nichts: Das Fleisch würde außen verkohlt und innen halb roh sein, Sie würden sich die Augenbrauen versengen (was die Umstehenden vielleicht lustiger finden als Ihre Schürze), und am nächsten Tag hätten alle Durchfall.

4. Schritt: Stechen Sie während des Grillens nie mit einem spitzen Gegenstand ins Fleisch, sonst stechen Sie die Zellen an, und der Bratensaft entweicht. Was übrig bleibt, schmeckt dann wie trockener alter Karton. Nehmen Sie besser eine Grillzange und wenden Sie das Fleisch genau ein Mal. Wenn Sie mit einem Deckel auf dem Grill arbeiten, braten Sie das Fleisch eigentlich und es ist nicht nötig, das Fleisch zu wenden – das verlängert die Garzeit nur und irritiert die Leute.

5. Schritt: Allgemein gilt: Steak kann so blutig bleiben, wie Sie es mögen, aber Hamburger-Fleisch, Würstchen und verarbeitetes Fleisch müssen ganz durchgebraten werden; auch innen darf nichts mehr rosa sein. Hühnchenfleisch ist erst unbedenklich, wenn der Saft klar ist und das Fleisch nirgends rosa. Essen Sie nie verkohltes Fleisch; es enthält schädliche chemische Verbindungen, die Krebs verursachen – außer die Eierköpfe haben schon wieder etwas anderes herausgefunden.

Kennen Sie Ihren Feind

Bakterien mögen das Grillen noch lieber, als Sie es tun. Sie gedeihen prächtig, wenn es warm ist, und verdoppeln ihre Zahl alle zwanzig Minuten. Vermeiden Sie also unter allen Umständen eine Kontamination von Lebensmitteln, außer Sie kotzen sich gerne die Seele aus dem Leib. Rind, insbesondere Hamburger-Fleisch, enthält oft E. Coli-Bakterien, während Hühnchenfleisch den klassischen Cocktail aus Salmonellen und Campylobacter bietet. Unter Umständen ist also für jeden etwas dabei. Vergewissern Sie sich, dass alles Fleisch vollständig aufgetaut ist, bevor Sie zu grillen beginnen. Halten Sie gegrilltes und rohes Fleisch getrennt, um eine Kontamination zu vermeiden, und verwenden Sie verschiedene Grillwerkzeuge für den Umgang mit rohem und gekochtem Fleisch. Bringen Sie das nicht durcheinander; Sie könnten daran sterben!

Wie man ... einen Schlag einsteckt

Der Psychopath an der Bar findet, Sie hätten ihn schräg angesehen und nun will er Sie vermöbeln. Auch wenn Sie flennen wie ein Baby, werden Sie bei diesem Knallkopf nichts erreichen. Es bleibt Ihnen also nur übrig, sich zu wehren.

Folgende Tipps helfen Ihnen vielleicht dabei, nach Strich und Faden verdroschen zu werden ...*

* Die Anweisungen gehen davon aus, dass Ihr Kontrahent bereit ist, fair zu kämpfen, also so in etwa nach den Queensberry-Regeln. Wenn Sie vermuten, er trage eine Billardkugel in einer Socke mit sich, schreien Sie wie ein Kind und machen Sie sich vom Acker.**

Ihre beste Chance besteht darin, Ihren Kontrahenten auszumanövrieren und darauf zu hoffen, dass jemand einschreitet. Stellen Sie sich auf wie ein Boxer, um ihm ein kleineres Ziel zu bieten. Stellen Sie sich seitlich zu ihm, den schwächeren Arm vorn und am Ellbogen rechtwinklig abgebogen. So schützen Sie Rippen, Brust und Gesicht. Ihr stärkerer Arm ist am weitesten vom Gegner entfernt, die Füße ruhen fest auf dem Boden. Wichtig ist, dass Sie einen guten Stand haben – aber bereit sind, sich rasch fortzubewegen, wenn er auf Sie zukommt.

** Außer, Sie sind ein wirklich harter Kerl. Aber in dem Fall brauchen Sie keine Anleitung.

Im Kampf

Wenn der Gegner eine kurze Gerade ansetzt: Fangen Sie mit dem vorn liegenden Arm den Schlag auf der gleichen Seite ab, in die er geht. Gelingt Ihnen das nicht, versuchen Sie, den Schlag mit der Stirn aufzufangen. Das mag lächerlich klingen, aber wenn der Schlag schon in Ihrem hübschen Gesicht landet, soll er das lieber an der härtesten Stelle des Schädels machen als auf Ihrer weichen Nase oder Ihrem verletzlichen Kinn. Wenn Sie mit dem Kopf nach hinten ausweichen, während der Schlag Sie trifft, bekommen Sie die ganze Kraft zu spüren und laufen Gefahr, von den Füßen geholt zu werden. Spannen Sie Nacken- und Kiefermuskeln an und beißen Sie die Zähne in dem Moment zusammen, in dem der Schlag Sie trifft. Wenn Sie mit offenem Mund getroffen werden, werden Sie mit größerer Wahrscheinlichkeit ausgeknockt oder brechen sich den Kiefer.

So schlagen Sie zurück: Mit einem Haken. Sie können nicht den ganzen Abend um Ihren Gegner herumtänzeln. Wenn Sie zuschlagen, ist das reine Selbstverteidigung. Schützen Sie also den Kopf mit der Linken (vorausgesetzt, Sie sind Rechtshänder) und senken Sie das Kinn etwa zur Mitte Ihrer linken Schulter. Während Ihre Rechte an seinen Händen vorbeischwingt, drehen Sie die Schlaghand so, dass die Handinnenfläche nach unten weist und die vier Knöchel gleichzeitig seitlich am Kopf Ihres Gegenübers einschlagen. Ein schlechtes Gewissen brauchen Sie nicht haben; Sie haben den Streit ja nicht gesucht.

Wenn der Gegner einen Aufwärtshaken probiert: Ein gelungener Aufwärtshaken kann erheblichen Schaden an Kinn oder Nase anrichten und Ihren Kopf gefährlich nach hinten schnellen lassen. Versuchen Sie also, den Schlag mit dem Arm abzufangen und seitlich auszuweichen.

So schlagen Sie zurück: Mit einer kurzen Geraden in die Visage. Obwohl das ein gerader Schlag ist, sollte Ihre Faust nicht waagrecht in seinem Gesicht landen, sonst riskieren Sie, sich (an Hand oder Handgelenk) ebenso sehr wehzutun wie ihm. Drehen Sie die Hand, sodass sie um 45 Grad gedreht auf seinem Kinn landet.

Drehen Sie die Faust leicht, bevor sie den Gegner trifft.
Wenn die Faust waagrecht trifft, laufen Sie Gefahr, sich die Hand zu verletzen.

Wenn der Gegner einen Haken probiert: Wenn der Haken Sie seitlich am Kopf trifft, könnte er Schaden am Kiefer oder am Ohr verursachen. Zum Glück wird Ihr Gegner lang im Voraus verraten, dass er diesen Schlag plant – außer er ist ein ausgezeichneter Boxer; in diesem Fall sollten Sie alle diese Anweisungen vergessen und fliehen. Ihr Gegner kündigt den Schlag dadurch an, dass er sein Gewicht nach hinten verlagert. Das verschafft Ihnen die Zeit zu reagieren und den Schlag mit dem Unterarm oder dem Ellbogen abzufangen. Stellen Sie sich vor, Sie kämmten sich mit den Fingern durch Ihr Haar, während der Schlag geführt wird, denn die Abblockbewegung mit dem Arm ist genau die Gleiche. Sie könnten auch einen Schritt auf ihn zu machen, wodurch der Schlag hinter Ihrem Kopf landet. Theoretisch könnten Sie auch unter seinem Schlag durchtauchen, aber dafür benötigen Sie gutes Timing, außerdem riskieren Sie, ein Knie ins Gesicht zu bekommen, und das tut weh.

So schlagen Sie zurück: Mit einem Aufwärtshaken. Senken Sie die rechte Schulter, um die rechte Seite Ihres Körpers zu senken. Lassen Sie Ihre Linke weiter oben, um Ihr Kinn zu schützen. Drehen Sie die Hüfte nach vorn und machen Sie einen Schritt in den Schlag hinein. Bringen Sie die Schulter nach vorn und nach oben. Der Arm bleibt die ganze Zeit nah am Körper. Der Schlag sollte von unten auf seinem Kinn landen, am Ende des Schlages sollte die rechte Handinnenfläche zu Ihrer Brust zeigen. Jetzt haben Sie es ihm gezeigt.

Wenn der Gegner auf Ihren Körper zielt: Mit einem vollen Körpertreffer könnte Ihr Gegner Sie sogar umbringen. Sobald Sie den Schlag erkennen, bringen Sie die Ellbogen nach unten und wenden sich vom Schlag ab. Wenn Ihnen nichts anderes mehr übrig bleibt, versuchen Sie am besten, den Schlag seitlich am Oberkörper abzubekommen. Das tut zwar auch weh, aber zumindest vermeiden Sie Schäden an lebenswichtigen Organen. Ziehen Sie nie den Bauch ein, wenn Sie den Schlag kommen sehen, weil Sie sonst die Organe im Bauchraum ungeschützt preisgeben.

So schlagen Sie zurück: Mit einem Haken. Der Kampf sollte inzwischen beendet sein, so oder so. Wenn nicht, machen Sie weiter wie bisher. Dem anderen wird bald die Luft ausgehen. Hoffentlich.

Warnung!

Dieser Abschnitt behandelt die simpelsten Grundzüge der Selbstverteidigung und kann offenkundig keine ausführliche, von Experten durchgeführte Ausbildung in den Boxkünsten ersetzen. Der Autor lehnt Gewalt strikt ab; mit ihr löst man keine Probleme, außerdem könnten Sie eine kräftige Abreibung bekommen. Wir haben Sie gewarnt.

Wie man ...

eine ziemlich böse Schnittwunde versorgt

Alles begann als ausgelassener Spaß, entartete dann zu grobem Unfug und endete schließlich mit einem Unfall und verschüttetem Weißwein. All das ist sehr bedauerlich, aber bevor man anklagend mit dem Finger auf jemand zeigen kann, muss dieser Finger erst einmal aufhören, Blut zu verspritzen. Machen Sie eine Bestandsaufnahme: Wenn der Finger (oder Arm oder was auch immer) nur noch mit einer Faser am Körper hängt, braucht man einen ausgebildeten Arzt; Do-it-yourself ist dann nicht gefragt. Wenn aber keine Gefahr besteht, dass jemand verblutet, kann man sich mit folgenden einfachen Schritten selbst behelfen:

1. Schritt: Nehmen Sie ein sauberes Tuch und drücken Sie es sanft auf die Wunde. Das dient hauptsächlich dazu, dass das Blut nicht mehr herausspritzt, fördert gleichzeitig aber auch den Gerinnungsprozess des Blutes.

2. Schritt: Wie Sie vielleicht bereits wissen, pumpt das Herz Blut im Körper herum. Um den Blutnachschub zur Wunde zu verringern, halten Sie die verletzte Stelle so bald wie möglich über Herzhöhe. Aus diesem Grund sollte sich das Opfer auf den Boden

Wie man eine wirklich hässliche Brandwunde versorgt

Nehmen wir mal an, jemand habe sich böse verbrannt. Ist die Wunde größer als ein 2-Euro-Stück, sollten Sie sofort ins Krankenhaus fahren. Kleinere Brandwunden können auch von einem medizinischen Laien versorgt werden – vorausgesetzt, sie sind nur oberflächlich.

Halten Sie die Verbrennung zehn Minuten unter kaltes Wasser, bis der Schmerz und der Schock ein wenig abgeklungen sind. So verringern Sie außerdem auch die Narbenbildung auf der Haut.

Wickeln Sie das verbrannte Hautstück in Klarsichtfolie, um das Infektionsrisiko zu verringern, und kühlen Sie den Bereich weiter. Lässt man die verbrannte Haut an der Luft, schmerzt sie mehr, außerdem könnte sie sich entzünden, was dazu führen könnte, dass man den Arm bzw. das Bein verliert. Nun ja, das ist der schlimmste denkbare Fall, auf den aber nichts hindeutet.

legen, mit gesenktem Kopf und hochgelegten Beinen. Lockern Sie einengende Kleidung, soweit das sich mit Anstand und gutem Geschmack vereinbaren lässt.

3. Schritt: Verbinden Sie die Wunde – das braucht nichts Professionelles sein, ein sauberes Geschirrhandtuch, das mit einer Bandage fixiert wird, tut es auch. Widerstehen Sie dem Drang, unter dem Verband nachzusehen, ob das Blut schon zu sprudeln aufgehört hat. Dadurch erreichen Sie nur, dass das Blut wieder stärker fließt. Wenn das Blut schon durch den Verband tropft, machen Sie einfach einen weiteren Verband außen rum.

4. Schritt: Beruhigen Sie das Opfer, sagen Sie, dass alles halb so schlimm sei – außer es ist doch schlimm. Dann sollten Sie aber schon fast am Krankenhaus sein, anstatt hier im Buch herumzuschmökern. Wenn der Blutstrom keine Anzeichen macht, schwächer zu werden, müssen Sie sofort einen Krankenwagen rufen. Wenn die Wunde sich aber allmählich schließt, reinigen Sie sie unter einem Wasserhahn, trocknen Sie sie ab und befestigen Sie ein Pflaster bzw. eine leichte Bandage. Um den Rest kümmert sich die Natur.

Wie man ... einen Fisch ausnimmt

Bravo! Sie haben nach der Methode *Wie man mit einem Stück Schnur angelt* (s. Seite 94) einen Fisch gefangen. Jetzt müssen Sie aber seine Eingeweide entfernen, bevor Sie ihn braten, sonst schmeckt er gar nicht gut. Unsere Anweisungen gehen davon aus, dass Sie schlicht ein nettes, sattes Stück Fisch zum Abendessen wollen, vorzugsweise eines, von dem Sie kein Kopf mehr anstarrt. (Beachten Sie die Anweisungen im Kasten, wenn Sie einen schicken Vorzeigefisch erhalten wollen, den man auf einer Silberplatte servieren kann.) Halten Sie also ein stumpfes Instrument bereit und führen Sie folgende Schritte durch:

1. Schritt: Wenn der Fisch noch zappelt: Halten Sie ihn mit einer Hand fest und schlagen Sie ihm mit einem stumpfen Instrument auf den Kopf, direkt hinter die Augen. Das ist netter, als ihn auszunehmen, während er noch lebt. Außerdem geht das Braten leichter, wenn der Fisch sich nicht in der Pfanne herumwindet und zu entkommen versucht. Waschen Sie gegebenenfalls das Blut mit Wasser ab, bevor Sie das Ausnehmen beginnen.

2. Schritt: Nehmen Sie ein scharfes Messer und schneiden Sie an beiden Seiten die Brustflossen ab.

3. Schritt: Schaben Sie den Messerrücken mit kurzen Strichen in flachem, 90-Grad-Winkel an den Flanken des Fisches entlang. Geht das ohne Widerstand, werden die Schuppen kein Problem darstellen und dürfen dran bleiben. Wenn es Widerstand gibt und die Schuppen sich aufstellen (wie sie es etwa bei den meisten Lachsen und Forellen tun), müssen Sie die Schuppen abkratzen, bis der Fisch glatt ist.

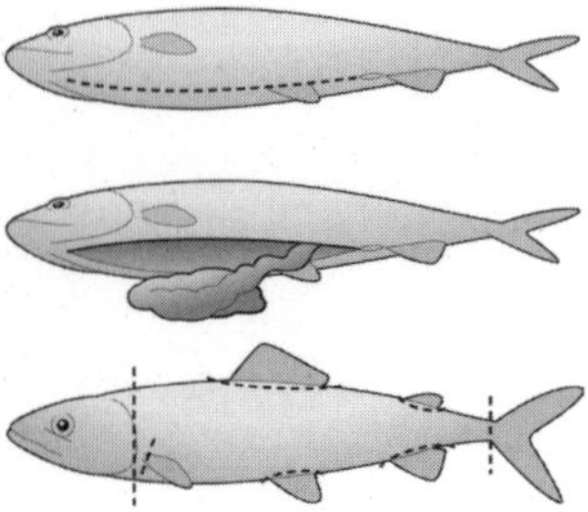

4. Schritt: Jetzt wird's lustig – vorausgesetzt, Sie finden es lustig, einem toten Fisch mit dem Messer den Arsch aufzuschlitzen. Führen Sie die Spitze des Messers in die Kloake (den Anus) des Fisches ein und schlitzen Sie die Unterseite des Fisches auf, den Bauch entlang bis unter Kiefer und Kiemen (die Klappen, die der Fisch zum Atmen brauchte, bevor Sie ihm das Hirn rausgeprügelt haben).

5. Schritt: Öffnen Sie den Fisch und entfernen Sie seine Eingeweide. Nehmen Sie das Messer, um die verschlungenen Teile herauszuschneiden und entfernen Sie die inzwischen nicht mehr lebenswichtigen Organe. Schaben Sie dann mit der Messerspitze die dunkle, rötlichbraune Nierenlinie aus, die am Rückgrat entlang verläuft. (Wenn Sie die drin lassen, wird der Fisch schlammig schmecken.) Spülen Sie den Fisch gründlich aus, nur um sicherzugehen.

6. Schritt: Schneiden Sie den Kopf direkt hinter den Kiemen ab und kappen Sie den Schwanz dort, wo er auf den Körper trifft. Entfernen Sie zum Abschluss alle Flossen, die der Fisch vielleicht noch hat (von Art zu Art unterschiedlich), und die Rückenflosse. Die ist voller Gräten und schmeckt nicht gut. Schneiden Sie an beiden Seiten der Flosse ein und ziehen Sie vom Schwanzende nach außen, um die Flosse und seine Gräten zu entfernen. Den Rest können Sie braten und mit Salzkartoffeln und einem Petersiliensträußchen garnieren (Serviervorschlag).

Wie man edlen Fisch serviert

Wenn Sie bei einer schicken Abendeinladung Ihre Gäste beeindrucken wollen, servieren Sie den Fisch am besten im Ganzen (aber natürlich ohne Eingeweide) auf einer großen Silberplatte. Ignorieren Sie dazu einfach die Schritte 1, 2 und 6. Lassen Sie also die Schuppen, Flossen, Kiemen und den Kopf dran und schneiden Sie beim Ausnehmen des Fisches die Unterseite bis zu den Kiemen auf und dann an den Kiemen entlang nach oben, bis der Kopf nur noch am Rückgrat hängt. Servieren Sie dann, begleitet vom anerkennenden Murmeln Ihrer Gäste. Beilagentipp: Fettige Fritten gelten als weniger edel als schöne Frühkartoffeln mit ein bisschen Gemüse. Und vergessen Sie das Petersiliensträußchen nicht!

Wie man ...

einen Bumerang wirft

Sagen Sie jetzt nicht, diese Fähigkeit hätte man sich für einen Nachfolgeband dieses Buchs namens *Fähigkeiten, die für gar nichts gut sind* aufheben können. Wenn Sie aber ein bisschen nachdenken, werden Sie erkennen, dass man einen Bumerang als Jagd- und Kampfwaffe einsetzen kann, als Schlagwerkzeug und offenbar auch zum Feuermachen. Kein Mann, der ein Schwein erlegen und es dann über einem lodernden Feuer knusprig braten will, kann auf einen Bumerang verzichten.

Wenn Sie den Bumerang aber nur fortwerfen und zurückkommen sehen wollen, weil Sie das ganz unterhaltsam finden – das kann der Zauberstock auch.

1. Schritt: Suchen Sie sich ein freies Feld. Stellen Sie aber, bevor Sie anfangen, sicher, dass weit und breit keine herumtollenden Kleinkinder, Eisskulpturen oder Glaser in Sicht sind, die riesige Fensterscheiben hin- und hertragen. Wenn die Bahn frei ist, legen Sie den Bumerang mit der flachen Seite auf die Handinnenfläche, das (nähere) Ende etwa in der Mitte der Handfläche, gehalten vom Daumen und den ersten beiden Fingern. Das Ende des Bumerangs sollte auf der Spitze des Ringfingers liegen.

2. Schritt: Heben Sie das Wurfinstrument über die Schulter und werfen Sie es gerade vorwärts. Der

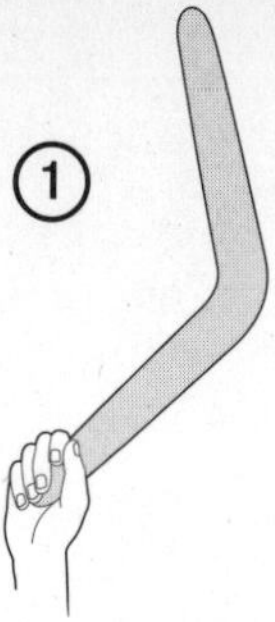

Bumerang steht dabei aufrecht (s. Abb. 1); wenn Sie Rechtshänder sind, kippen Sie den Bumerang etwa zehn Grad rechts nach außen (Linkshänder zehn Grad links nach außen). Wie weit Sie den Bumerang idealerweise kippen sollten, hängt von der Windstärke ab (s. Abb. 2). Kippen Sie bei starkem Wind den Bumerang weniger weit, bei Windstille weiter nach außen. Sie werden durch Versuch und Irrtum herausfinden, wie weit Sie ihn kippen müssen – aber werfen Sie ihn niemals genau senkrecht stehend.

3. Schritt: Widerstehen Sie der Versuchung, den Bumerang nach oben zu werfen – er steigt ganz von selbst, wie von Zauberhand. Werfen Sie also in keinem steileren Winkel als 20 Grad aufwärts ab. Starten Sie den Bumerang auch nie aus dem Stand, mit einfach nebeneinandergesetzten Beinen. Wenn Sie Rechtshänder sind, muss Ihr linker Fuß beim Abwurf einen Schritt nach vorne machen (spiegelverkehrt bei Linkshändern). Geben Sie dem Instrument mit dem Handgelenk eine möglichst schnelle Rotation mit, wenn es die Hand verlässt. Höhere Physik sorgt dafür – eine genaue Erklärung wäre zu kompliziert und auch zu langweilig –, dass der Bumerang

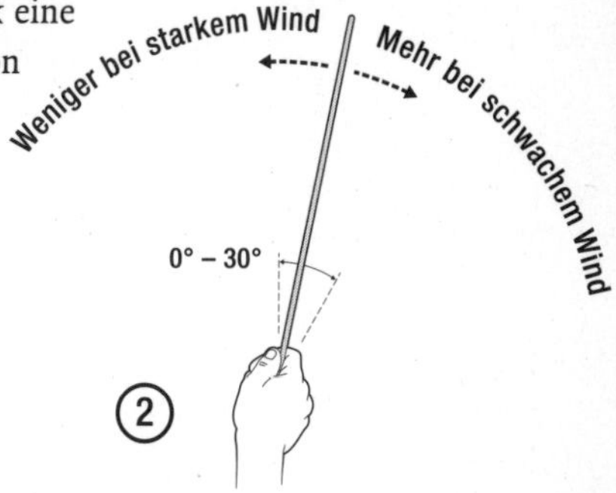

Einige Worte der Warnung

1. Einen Bumerang in starken Gegenwind zu werfen, heißt, sein Schicksal herauszufordern. Insbesondere dann, wenn der Wind direkt in Ihr hübsches Gesicht bläst. Vorsicht! Schon Windgeschwindigkeiten von acht Stundenkilometern gelten als »zu hoch«! Beim geringsten Zweifel sollten Sie den Finger anlecken, in den Wind halten und ein Gesicht machen, als prüften Sie die Wurfbedingungen. Senken Sie den Finger nach einer Ewigkeit, schütteln Sie den Kopf und schlagen Sie vor, den Picknickkorb zu öffnen.

2. Warten Sie immer ab, bis der Luftraum frei ist, bevor Sie werfen. Drachen, tief fliegende Flugzeuge, kreisende Raubvögel und andere Bumerange, die den Luftraum verstopfen, werden sich verschwören, Ihre Wurfversuche zu sabotieren.

3. Behalten Sie den Bumerang während seines gesamten Fluges im Auge. Bereiten Sie sich darauf vor, ihn auf ungefährliche Weise (s. Abb. 3) zu fangen, wenn er zu Ihnen zurückkommt. Falls er ohne ein Anzeichen der Rückkehrwilligkeit davonfliegt, sollten Sie ihm nachsetzen, sonst riskieren Sie, ihn nachher nicht mehr zu finden.

4. Wenn der Bumerang zu Ihnen zurückkehrt, aber zu schnell geworden zu sein scheint und genau auf Ihren Kopf zurast, wenden Sie sich von ihm ab, bücken Sie den Oberkörper herunter und schützen Sie den Kopf mit den Armen. Der Bumerang könnte Ihnen den Kopf sonst glatt abtrennen.

sich »hinlegt«, während er seine Wende beginnt, und waagrecht rotierend zu Ihnen zurückkommt. Aber was, wenn ... o Mist! ... das Ding genau auf Ihren Kopf zukommt?

4. Schritt: Keine Angst! Verfolgen Sie einfach die Flugbahn und bereiten Sie sich vor, den Bumerang seitlich vom Körper zwischen den Handinnenflächen zu fangen (s. Abb. 3), wenn er an Ihnen vorbeifliegt. Versuchen Sie nie, den Bumerang auf Gesichtshöhe zu fangen – außer Sie stehen auf den Geschmack von Blut und ausgeschlagene Zähne. Und nur angeberische Trottel versuchen, einen Bumerang einhändig zu fangen.

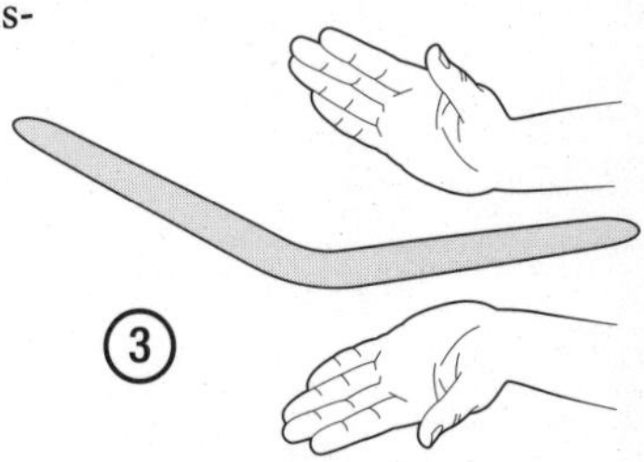

Warnung:

Diese Anweisungen gelten nur für Bumerange, die auch zum Werfen gedacht sind, nicht für diese überteuerten Deko-Objekte, die von doofen Touristen gekauft werden. Die sind überhaupt nicht dafür gemacht, geworfen zu werden.

Wie man …

einen Zahn zieht

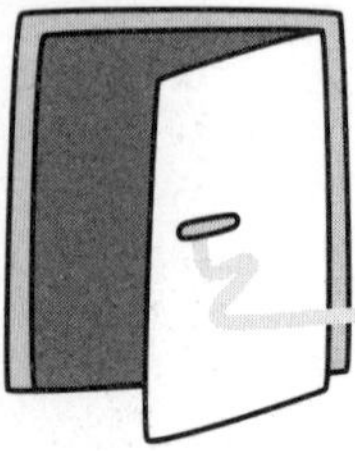

In den Zeiten des Schwarz-Weiß-Films war die Türen-Methode sehr beliebt, um tapfere Männer zu erlösen, die von Zahnschmerzen in den Wahnsinn getrieben wurden. Natürlich könnte man einen kaputten Zahn immer mit einer Zange ziehen, aber das macht längst nicht so viel Eindruck wie die Türen-Methode. Sie brauchen lediglich eine Schnur, eine Tür und ein gerüttelt Maß an Schmerztoleranz …

Mund weit auf!

Die Schnur muss dünn genug sein, dass Sie sie um Ihren kaputten Zahn und um die Türklinke binden können, aber stabil genug, dass sie nicht reißt, wenn die Tür zugeknallt wird.

Die Tür sollte schwer genug sein, dass die Kraft ihres Schwungs genügt, den Zahn glatt rauszureißen.

Ermitteln Sie, wie weit weg Sie sich hinstellen müssen, damit die Schnur sich spannt, wenn die Tür geschlossen wird. Betäuben Sie dann den zu erwartenden Schmerz mit starkem Schnaps. Setzen Sie beide Füße fest auf den Boden und knallen Sie die Tür fest …

Wie bitte?

Oh, ich höre gerade, niemand solle je versuchen, sich selbst einen Zahn zu ziehen, unter keinen Umständen. Insbesondere nicht mit der unverantwortlichen Türen-Methode.

Denn offenbar sitzt der Knochen, der den Zahn an seinem Platz hält, auch dann noch fest, wenn der Zahn schon wackelt. Wenn Sie den Zahn ziehen, sei es jetzt mit einer Zange oder einer Tür, brechen Sie fast unweigerlich den oberen Teil des Zahnes ab oder gleich den Kiefer. Die Bruchstelle wird sich höchstwahrscheinlich entzünden, im schlimmsten Fall droht Ihnen ein lebensbedrohlicher Abszess – wenn Sie den Schock überwunden haben, den ein Zahnziehen mit dieser Methode wahrscheinlich auslöst. Wenn es Ihnen nicht gelingt, den Blutverlust zu stoppen, brauchen Sie wahrscheinlich eine Transfusion, außer Sie sterben vorher am Schock.

Eine Alternative

Alternativ könnten Sie natürlich einen Zahnarzt in der Nähe kontaktieren und ihn um einen möglichst frühen Termin bitten. Dieser wird Sie operieren oder Ihnen Medikamente zur Schmerzlinderung verschreiben. Und wenn der Zahn erst mal versorgt ist, können Sie Ihren Mund wieder ganz normal einsetzen.

Wie man ...

einen Kartentrick vorführt

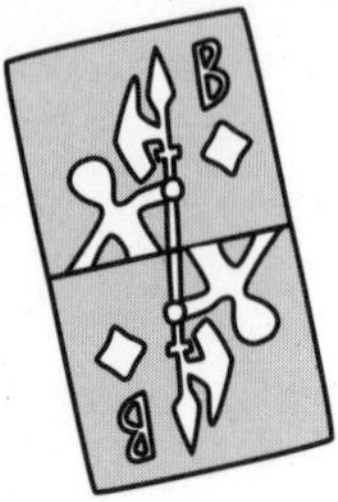

Jeder Mann sollte genau einen Kartentrick kennen, um unschuldige Kinder und leichtgläubige Frauen damit zu unterhalten. Wenn Sie allerdings mehr als ein Zauberkunststück beherrschen, outen Sie sich als exzentrischer Einzelgänger, der mit seiner Zeit nichts Besseres anzufangen weiß, als Zaubertricks zu üben.

Da Sie ohnehin nur einen Trick einstudieren, können Sie sich gleich einen der einfachsten aussuchen: den »Karte-in-der-Geldbörse«-Trick. Lassen Sie Ihr Opfer eine beliebige Karte aus einem Stapel ziehen. Anschließend werden Sie, dank einer Kombination von gewitzter Manipulation und glattem Schwindel, genau die Karte, die Ihr Opfer gewählt hat, aus Ihrer Geldbörse fischen.

Die Vorbereitung

Sie haben es vielleicht schon erraten: Sie brauchen eine Karte doppelt; dafür benötigen Sie zwei identische Kartenspiele. Für den Trick können Sie jede Karte verwenden, als Beispiel nehmen wir hier den Karobuben.

Stecken Sie einen der Karobuben in Ihre Geldbörse. Kleben Sie jetzt ein kleines Stückchen beidseitig klebendes Klebeband auf die Unterseite Ihres Geldbeutels und stecken Sie sie in die Tasche. Legen Sie den anderen Karobuben zuoberst auf den Satz Karten. Die Zauberei kann beginnen ...

Der Trick

Ziehen Sie die Geldbörse heraus, aber so, dass man das Klebeband nicht sieht, und verkünden Sie, dass sich darin ein Wunder verbirgt (oder sonst irgendeinen magisch klingenden Hokuspokus). Seien Sie aber gewarnt: Wenn irgendjemand das Klebeband sieht, fliegt der Trick auf und Sie werden als Scharlatan geoutet, der Sie sind.

Aber niemand hat das Klebeband bemerkt. Fächern Sie die Karten jetzt auf und fordern Sie das Opfer auf, eine beliebige auszuwählen und herauszuziehen* – allerdings, ohne sie anzusehen. Nehmen Sie die Karte entgegen und legen Sie sie mit dem Gesicht nach unten oben auf den Kartenstapel.

Jetzt wird es Zeit für ein Ablenkungsmanöver. Ziehen Sie die Aufmerksamkeit des Publikums auf sich, indem Sie ihm tief in die Augen blicken und von Magie daherschwadronieren und davon, wie Sie jetzt gleich die Karte enthüllen werden, die Ihr Opfer gewählt hat. Gleichzeitig legen Sie unbemerkt (das ist sehr wichtig!) die Geldbörse mit der Klebebandseite nach unten auf den Kartenstapel. Drücken Sie sie fest an, sodass die gezogene Karte kleben bleibt und abgehoben wird, wenn Sie die Geldbörse wegnehmen. Jetzt liegt der Karobube zuoberst auf dem Stapel.

* Keine Angst, wenn das Opfer die oberste Karte des Stapels wählt. Machen Sie einfach normal weiter und lassen Sie kurz vor Schluss den Klebestreifen-Einsatz weg.

Bitten Sie nun Ihr Opfer, die Karte umzudrehen, die es gezogen hat. Wenig überraschend, wird das der Karobube sein, von dem das Opfer glaubt, es habe ihn frei ausgewählt.

Öffnen Sie zum Finale Ihre Geldbörse und holen Sie den dort verstauten zweiten Karobuben hervor (die Unterseite der Geldbörse mit der angeklebten Karte bleibt dabei natürlich unsichtbar). Damit sollten Sie ihr Publikum hinters Licht geführt haben – außer irgendwas ist schwer schiefgegangen. Verkünden Sie mit sonorer Stimme »das ist Magie!« und fühlen Sie sich einen Augenblick lang wie David Copperfield – bis jemand Sie bittet, einen Elefanten verschwinden zu lassen.

Wie man ...
auf den Fingern pfeift

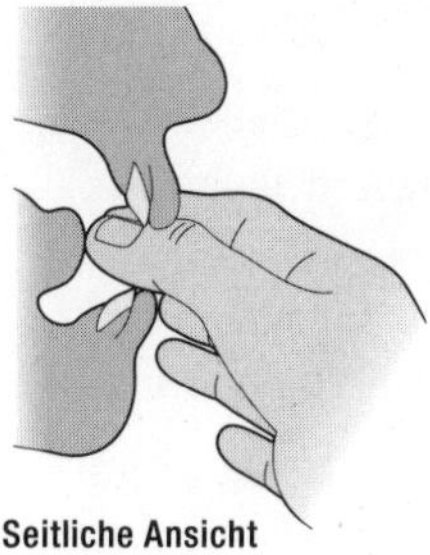
Seitliche Ansicht

Auf zwei Fingern grell pfeifen zu können, ist nicht nur für Hundebesitzer eine wichtige Fähigkeit, sondern auch für ... äh, wenn man ... tja ... Im Grunde taugt das Pfeifen nur dafür, Hunde herumzukommandieren, aber schon nach einem solchen Pfiff weiß die Töle, wer hier der Chef ist.

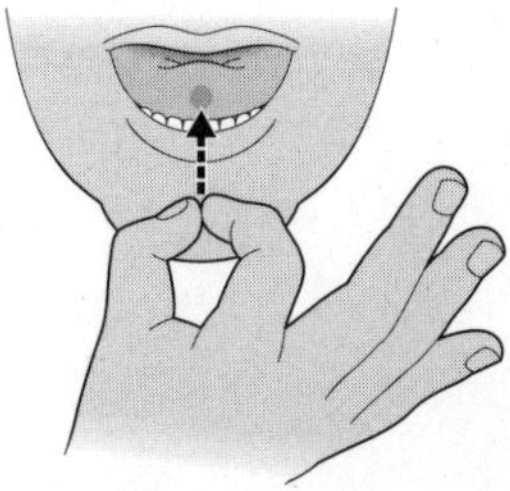

Die Technik

1. Schritt: Bilden Sie mit den Fingern ein U oder V, indem Sie die Spitzen des gekrümmten Zeigefingers und des Daumens leicht zusammenhalten.

2. Schritt: Legen Sie die Finger auf die untere Zahnreihe (wenn Sie die rechte Hand nehmen, sollte der Daumen rechts sein).

3. Schritt: Die Fingerspitzen sollten an der Unterseite der Zungenspitze liegen und diese leicht in den Mund hineinschieben, sodass sie unmittelbar hinter der unteren Zahnreihe ruht.

4. Schritt: Drücken Sie die Lippen auf die Finger, die das U bzw. V bilden, in das Sie blasen müssen. Der Ton wird erzeugt, indem Zunge und Oberkiefer Luft auf die Unterlippe und die untere Zahnreihe drücken. Angeblich.

5. Schritt: Anfangs produzieren Sie vielleicht lediglich ein erbärmliches Schnaufgeräusch und angesabberte Finger. Üben Sie weiter und variieren Sie die Stellung der Finger leicht, bis Sie ohrenbetäubend pfeifen können und Sie von einem Dutzend Hunde umringt sind.

Wie man ...
Autopannen überlebt

Sie fahren gerade gemütlich dahin, brav unterhalb der Geschwindigkeitsbeschränkung, voller Rücksicht auf die anderen Verkehrsteilnehmer, als plötzlich ... oh verdammt ... ein Problem auftritt.

Ein Reifen platzt

Das ist jetzt leicht dahergeredet, aber versuchen Sie, nicht in Panik auszubrechen. Wenn ein Reifen – insbesondere ein Vorderreifen – platzt, wird das Auto plötzlich zu einer Seite ziehen, und zwar zu der Seite mit dem kaputten Reifen.

Das Schlimmste, was Sie jetzt tun könnten, wäre, in blinder Panik voll auf die Bremse zu steigen. Damit riskieren Sie, dass ein tätowierter Brummifahrer Ihnen voll hinten draufknallt, oder Schlimmeres. Wenn es überhaupt etwas Schlimmeres gibt. Wahrscheinlich nicht.

Anstatt in Panik zu verfallen, gehen Sie sanft vom Gas und behalten die Hände fest in 10-vor-2-Stellung auf dem Lenkrad. Überlegen Sie, während Sie langsamer werden, wo der Schalter für die Warnblinkanlage noch mal war und drücken Sie ihn. Schalten Sie allmählich herunter, während das Auto langsamer wird und sicher zum Fahrbahnrand rollt. Sobald Sie eine unbedenkliche Geschwindigkeit haben, drücken Sie sanft auf die Bremse, halten das Auto an und atmen tief durch.

Der Motor streikt!

Warum der Motor gerade jetzt ausfällt, ist in einem solchen Moment nicht die vordringlichste Frage. Es gibt mehrere technische Gründe, warum ein ... okay, okay, ich gebe ja zu, nicht die geringste Ahnung von Motoren zu haben, aber in einem solchen Fall muss man vor allem wissen, wie man zu reagieren hat. Zum Glück ist dieser Fall unkompliziert: Legen Sie den Leerlauf ein, zeigen Sie mit dem Blinker an, was Sie vorhaben, und bremsen Sie sanft. Ohne die Hilfe durch den Motor erfordert das Bremsen und Steuern mehr Kraft, aber verglichen mit dem geplatzten Reifen ist dieser Fall hier ganz einfach. Reduzieren Sie die Geschwindigkeit, bis Sie sicher von der Fahrbahn rollen können. Halten Sie an. Schalten Sie die Zündung ab. Schalten Sie die Warnblinkanlage an und steigen Sie aus. Rufen Sie einen Pannendienst. Warten Sie eine Ewigkeit. Rufen Sie noch mal an und fragen Sie, warum es so lang dauert. Warten Sie weiter. Freuen Sie sich schon auf eine saftige Rechnung, wenn Sie nicht in einem Automobilklub sind.

Der Wagen bricht aus!!

Die Fahrbahn ist schneebedeckt, vereist oder nass, und plötzlich gerät Ihr Auto ohne Vorwarnung ins Schleudern. Am überraschendsten bricht das Auto bei Nässe aus, aufgrund des sogenannten Aquaplaning. Das passiert, wenn sich zwischen den Reifen und der Straße eine Schicht Wasser bildet und die Reibung (und damit die Haftung) des Reifens schlagartig verloren geht. So viel zur Theorie. Und so retten Sie die Situation:

Widerstehen Sie dem natürlichen Impuls, voll auf die Bremse zu steigen – Sie werden mit dem Kopf voraus im Straßengraben landen, noch bevor Sie »oh verdammt!« sagen können. Drücken Sie stattdessen die Kupplung durch, gehen Sie vom Gas und steuern Sie mit runden Bewegungen gegen, bis Sie die Kontrolle über das Auto zurückgewonnen haben.

Bei winterlichen Bedingungen hängt oft alles von einer guten Vorbereitung ab. Setzen Sie sich bei Schnee und Eis nicht mit dicken, schneeverkrusteten Winterstiefeln ans Steuer, sondern wechseln Sie zum Autofahren in bequeme Schuhe. Das gibt Ihnen mehr Gefühl in den Füßen. Fahren Sie deutlich langsamer als sonst, vermeiden Sie abrupte Bewegungen und fahren Sie vor scharfen Kurven so bedächtig wie ein Fahrer mit Hut.

Kontrollieren Sie Reifendruck und Profiltiefe, bevor Sie losfahren: Drei Millimeter Profil sind okay, mit weniger als zwei fordern Sie Ihr Glück zu stark heraus. Packen Sie eine Schaufel in den Kofferraum, für den Fall, dass Sie eingeschneit werden, und eine Thermoskanne mit heißer Suppe. Gewissenhafte Vorbereitung ist das Erkennungszeichen nervtötender Pedanten, aber zumindest gelangen Sie so heil an Ihr Ziel, mit dem zufriedenen Grinsen, das einem nur eine gute heiße Tomatencremesuppe ins Gesicht zaubert.

Der verfluchte Gaszug ist hängen geblieben!!!

Wenn das passiert, dürfen Sie sich als echten Unglücksraben betrachten! Aber jetzt ist keine Zeit zu schmollen, denn Sie müssen Ihren Grips voll beisammenhalten, um größeres Unheil zu vermeiden. Glücklicherweise ist es nicht zu schwer, das Auto sicher anzuhalten – vorausgesetzt, Sie verlieren nicht den Kopf.

Legen Sie den Leerlauf ein, steigen Sie sanft auf die Bremse, blinken Sie und steuern Sie zum Rand der Fahrbahn. Erst dann, wenn das Auto steht, dürfen Sie die Zündung ausmachen! Denn wenn Sie die Zündung in blinder Panik schon ausmachen, während Sie noch rollen (in der nicht unvernünftigen Annahme, dass Sie den Motor dadurch abstellen), rastet das Lenkradschloss möglicherweise ein und macht ein ohnehin schon schwieriges Manöver noch verzwickter. Schalten Sie den Motor aber so schnell wie irgend möglich ab, sobald das Fahrzeug steht, sonst nimmt er ernsthaft Schaden (da Sie ja den Leerlauf eingelegt haben, heult der Motor mit maximaler Drehzahl). Schalten Sie die Warnblinkanlage ein und rufen Sie den Pannendienst. Dessen Nummer haben Sie inzwischen ja schon auf Schnellwahl gespeichert.

Und die Bremsen versagen!!!!

Oh Mist, das ist gar nicht gut! Denken Sie schnell, handeln Sie klug und halten Sie die Augen jederzeit auf der Straße. Versuchen Sie zuerst, das Bremspedal zu pumpen; wenn Sie viel Glück haben, baut sich noch mal so viel Druck auf, dass Sie das Fahrzeug sicher zum Stillstand bringen können.

Wenn das nichts nutzt, ziehen Sie langsam die Handbremse und schalten Sie herunter. Durch den erhöhten Widerstand sollte das Auto sich verlangsamen, was Ihnen erlaubt, an einem sicheren Ort auszurollen. Versuchen Sie das aber nie in einer Kurve; das Auto könnte unkontrollierbar ins Schleudern geraten. Wenn die Bremsen versagen, kommt es vor allem darauf an, so rasch, aber auch so beherrscht wie möglich zu handeln. Wer das alles überlebt hat, hat wohl bestimmt jeden denkbaren Auto-Notfall überstanden. Oder?

Und jetzt fliegt zu allem Überfluss auch noch die Motorhaube auf!!!!!

Inzwischen ist es schon fast zum Lachen, was alles schiefgeht. Und weil die Motorhaube jetzt senkrecht vor der Windschutzscheibe steht, müssen Sie auch nicht mit ansehen, wie Sie sich im nächsten Moment um einen Baum wickeln werden. Dennoch wäre auch in diesem Notfall die schlechteste Reaktion, voll auf die Bremse zu treten, denn dann knallt Ihnen der nachfolgende Verkehr voll hinten drauf. Sicherer ist es, sanft abzubremsen und zu versuchen, durch den Schlitz unter der Motorhaube nach vorn zu sehen. Wenn das nicht gelingt, müssen Sie das Hunde-Manöver machen und den Kopf zum Fenster hinausstrecken, um zu sehen, was vorn los ist. Optional können Sie dabei auch Ihre sabbernde Zunge herausstrecken. Bremsen Sie sanft ab, fahren Sie an den Fahrbahnrand und denken Sie ernsthaft darüber nach, sich ein verlässlicheres Auto zu kaufen.

Wie man ...
Hummer isst

Sie haben einen schönen großen Hummer gekauft, gefangen oder bestellt. Schon ist er lebendig in kochendes Wasser geworfen worden. Das einzige Problem ist jetzt, dass Sie keine besondere Erfahrung damit haben, wie man sich bei feinen Mahlzeiten korrekt benimmt und dass Sie noch nie den König der Krustentiere gegessen haben. Sie können ein Telson nicht von einem Tomalley unterscheiden und wissen nicht, wo Sie etwas abbrechen und was Sie aussaugen dürfen. Glücklicherweise können wir Ihnen eine Kurzanweisung geben: Lassen Sie den Hummer nach dem Kochen abkühlen, stupsen Sie ihn mit der Gabel an, um sicherzustellen, dass er tot ist, und rücken Sie ihm in dieser Reihenfolge zu Leibe:

1. Schritt: Halten Sie den Rücken fest und drehen Sie die Beine ab. Sie enthalten winzige Krümel, die herausgekratzt oder direkt herausgesaugt werden können wie aus einem fischigen Strohhalm.

2. Schritt: Brechen Sie die Scheren ab, indem Sie sie an den Gelenken drehen. Biegen Sie den »Daumen« der Scheren zurück, um sie vom Rest zu trennen und kratzen Sie das Fleisch aus der Hülle. Brechen Sie den Rest der Schere mit einer Hummerzange, einem Nussknacker oder einem schweren Messer auf und holen Sie das Fleisch heraus.

3. Schritt: Brechen Sie den Rückenpanzer in zwei Teile und brechen Sie dann die Schwanzflossen ab (hier befindet sich auch der zuvor erwähnte Telson). Lösen Sie das wenige Fleisch, das sie enthalten. Das Hauptstück enthält das köstlichste Fleisch des Hummers. Schieben Sie es in einem Stück heraus und auf Ihren Teller. Schaben Sie die dreckigschwarze Ader ab, die entlang dieses Stücks verläuft, und schieben Sie sie zur Seite.

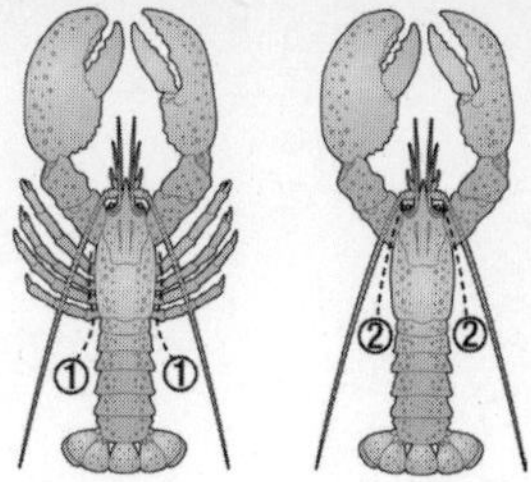

4. Schritt: Mit dem Kopfteil schlagen sich normalerweise nur die Unerschrockenen herum. Nehmen Sie es am Loch, wo Sie den Schwanz abgebrochen haben, und ziehen Sie die Schale vom Körper. Im Inneren finden Sie die Kiemen, den Blutkreislauf und die grüne Hummerleber (von Kennern Tomalley genannt). In Hummerweibchen finden Sie vielleicht auch unbefruchtete Eier. Sowohl die Hummerleber als auch die Eier lassen sich essen, wenn man noch hungrig und nicht wählerisch ist.

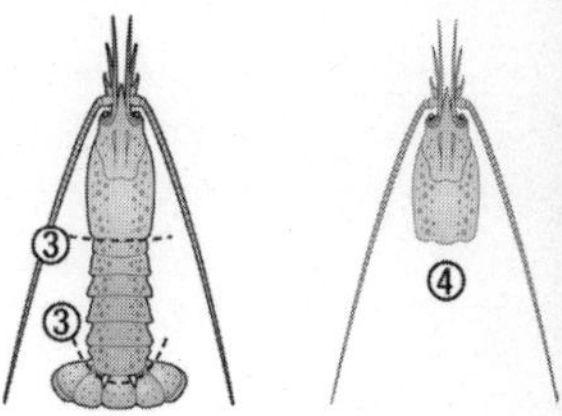

5. Schritt: Auch wenn Sie ein Allesfresser und nach den Schritten eins bis vier noch immer hungrig sind, sollten Sie die Antennen, Mandibeln (die kleinen Antennen) und die große Schnauze unbedingt stehen lassen. Diese Teile sind nicht essbar und verursachen Verdauungsprobleme und schreckliche Blähungen.

Wie man ...

einen platten Fahrradreifen repariert

Das zischende Geräusch kommt vom dreckigen großen Dorn, der in Ihrem Fahrradmantel steckt. Bald wird es übertönt vom Zischen der Dampfwölkchen, die zornig aus Ihren Ohren steigen, sobald Sie merken, dass Ihr Fahrradspaß vorbei ist.

Anstatt im Park Bunny-Hops (Fahrradsprünge) aufführen zu können wie ein kleiner Bub auf Ecstasy, müssen Sie ihren Drahtesel wohl oder übel maulend nach Hause tragen und sich dort daranmachen, das Loch zu flicken.

Sie brauchen:

* Flickset bzw. Ersatzschlauch
* Zwei Reifenheber (kleine Plastikstäbe, die man bei allen Fahrradläden bekommt)
* Sechskantschlüssel zum Lösen der Radmuttern (außer das Rad hat Schnellspannaben)
* Luftpumpe

Die Reparatur

1. Schritt: Stellen Sie das Rad auf den Kopf und lösen Sie die Radmuttern bzw. den Schnellspannhebel. Nehmen Sie den Reifen heraus. Hebeln Sie mit den

Reifenhebern den Mantel aus der Felge, Abschnitt um Abschnitt, bis Mantel und Schlauch frei sind.

2. Schritt: Streifen Sie mit den Fingern vorsichtig über die gesamte Innenseite des Mantels, ob der Nagel, Dorn o. Ä. noch steckt, der den Schlauch gelöchert hat. Entfernen Sie ihn gegebenenfalls, blicken Sie ihn ein paar Sekunden finster an, leise fluchend. Werfen Sie ihn dann weg und überprüfen Sie den Rest der Mantelinnenseite, ob da noch etwas Spitzes steckt.

3. Schritt: Das Loch im Schlauch finden Sie, indem Sie ihn aufpumpen und unter Wasser halten. Aufsteigende Wasserbläschen verraten die undichte Stelle. Markieren Sie sie mit einem großen Filzstift- oder Kreidekreuz. Rauen Sie die Stelle um das Loch mit dem Sandpapierstückchen aus dem Flickset auf, bis die Mitte des Kreuzes nicht mehr zu sehen ist (der Kleber hält besser, wenn der Schlauch rau ist). Obwohl die Mitte des Kreuzes jetzt nicht mehr sichtbar ist, zeigen die verbleibenden Linien aber noch immer an, wo das Loch sich befindet.

4. Schritt: Verteilen Sie einen centstückgroßen Tropfen Kleber gleichmäßig um das Loch, und zwar so, dass der Kleberfleck größer ist als der Flicken später. Lassen Sie den Kleber antrocknen, bis er sich leicht pappig anfühlt, entfernen Sie die Folie von der Unterseite des Flickens, setzen Sie ihn auf das Loch und drücken Sie ihn mindestens eine Minute lang fest. Warten Sie ein paar weitere Minuten und lösen Sie dann behutsam die Folie auf der Oberseite des Flickens ab.

5. Schritt: Überprüfen Sie noch einmal den Rand des Mantels, ob irgendetwas Spitzes dort lauert. Pumpen Sie dann gerade so viel Luft in den Schlauch, dass er schön reifenförmig wird. Vergessen Sie nicht, das Ventil durch das Ventilloch der Felge zu schieben. Achten Sie darauf, dass das Ventil gerade steht, sonst könnte es später Schwierigkeiten geben. Drücken Sie jetzt den Schlauch überall über die Felge und achten Sie darauf, dass er nirgends verdreht liegt und überall gut sitzt.

6. Schritt: Drücken Sie jetzt den Mantel wieder in die Felge, erst mit den Fingern und am Schluss, wenn es schwer geht, gegebenenfalls mit den Reifenhebern. Am Ende sitzt der ganze Mantel wieder in der Felge. Bauen Sie den Reifen wieder ein und pumpen Sie ihn vollständig auf.

7. Schritt: Machen Sie sich klar, dass Sie die Schritte eins bis sechs hätten vermeiden können, wenn Sie das Rad in den Laden gebracht und ihn dort für vielleicht zehn Euro hätten reparieren lassen. Aber dann wäre dieses Kapitel sehr kurz geworden. Was sagen Sie da? Hm. Ja, da haben Sie recht.

Wie man ... den Fisch brät, den man auf Seite 94 gefangen hat (und auf Seite 201 ausgenommen hat)

Wenn Sie nicht gerade ein Japaner sind, werden Sie Fisch kochen oder braten wollen, bevor Sie ihn verspeisen. (Wenn Sie Japaner oder Sushi-Freund sind, können Sie diesen Abschnitt überblättern – roher Fisch schreckt Sie nicht.)

Wir nehmen an, dass Sie noch immer in der Wildnis stecken, sich mit Hilfe Ihres Verstandes durchschlagen und inzwischen einen verfilzten Bart tragen, der anfängt, ein bisschen streng zu riechen. Da Sie leider vergessen haben, Salz, Pfeffer, Knoblauchbutter und Ihr handgemachtes Gewürzkarussell mitzubringen, gibt's wieder mal nur ungewürzten Fisch zu essen, den Sie über einem knisternden Feuer zubereitet haben, mit Fliegen als Ihrer einzigen Gesellschaft.

Fisch verdirbt sehr schnell, nachdem er getötet wurde, insbesondere bei Hitze und hoher Luftfeuchtigkeit. Wenn Sie verdorbenen Fisch essen, dürfen Sie mit Erbrechen, Lähmung und schrecklichem Durchfall rechnen – als Rache des Fisches dafür, dass Sie ihn getötet und ihm die Eingeweide rausgerissen haben. Sie müssen also offenkundig schnell vorgehen.

Nach dem Ausnehmen könnten Sie den Fisch theoretisch auf den heißen Kohlen eines einfachen Feuers braten, aber dafür müssten Sie ihn dick in Alufolie einwickeln, die Sie möglicherweise nicht haben, oder in Bananenblätter, die Sie gewiss nicht haben (außer, Sie hängen in einem lateinamerikanischen Wald herum). Wenn entweder das eine oder das andere greifbar ist, warten Sie einfach, bis das Feuer heruntergebrannt ist und die Kohlen weiß glühen, und schieben Sie den eingewickelten Fisch hinein. Geben Sie ihm eine Kochzeit von zehn Minuten pro 2,5 cm Dicke und wenden Sie den Fisch nach der Hälfte der Zeit. Wickeln Sie ihn dann aus und essen Sie ihn, vermutlich mit den Fingern.

Alternativ …

Sollten gerade weder Alufolie noch dicke Blätter zur Hand sein, spießen Sie Herrn Fisch am besten auf einen sauberen Stock auf, machen ein paar tiefe Einschnitte in seine Haut, um sicherzustellen, dass das Fleisch gleichmäßig gart, und halten Sie ihn ein paar Minuten über die heißen Kohlen. Passen Sie auf, dass Sie ihn dabei nicht zu einem geschmacklosen Haufen trockener Fasern verbraten. Überprüfen Sie, ob der Fisch durch ist, indem Sie in seinen Rücken schneiden. Das Fleisch sollte am Knochen undurchsichtig sein, nicht durchscheinend. Essen Sie ihn, wenn er durch ist.

Wie man …

einen Killer-Cocktail mixt

Für jene Gelegenheiten, bei denen etwas Edleres gefragt ist als ein Wasserglas Billigwhisky und eine Weißweinschorle …

Für sie … einen Cosmopolitan

Es heißt, mit einem Cosmopolitan könne man nicht falsch liegen.

Sie benötigen:

Wodka Citron
Cointreau (oder Triple Sec)
Frischen Limettensaft
Cranberrysaft
Eiswürfel
25 ml-Messbecher
Cocktail-Shaker
Cocktailglas
Sieb
Eine frische Orange
Feuerzeug

So wird's gemacht

1. Gießen Sie 1 Maß Wodka Citron, ½ Maß Cointreau, 1 Maß frischen Limettensaft und ein Maß Cranberrysaft in den Cocktail-Shaker. Füllen Sie

mit Eis auf und schütteln Sie (nachdem Sie den Deckel draufgemacht haben).

2. Gießen Sie den Inhalt durch ein Sieb in ein Cocktailglas.

3. Schneiden Sie einen schmalen Streifen Orangenschale ab und erwärmen Sie die Außenseite mit einem Feuerzeug. Halten Sie den Streifen über die Mitte des Drinks und pressen Sie ihn über der Flamme aus – Öl aus der Orangenschale sollte sich entzünden und eine helle gelbe Flamme geben. Reiben Sie den Rand des Glases mit der Orangenschale ab und werfen Sie den Streifen in das Glas. Servieren Sie.

Für ihn … einen trockenen Martini

Der König der Cocktails

Sie benötigen:

Trockenen Wermut
Gin oder Wodka (optional)
Eiswürfel
Cocktailglas
Rührglas
25 ml-Messbecher
Barlöffel (mit langem Griff)
Sieb
Cocktail-Oliven
Cocktail-Spieße (optional)
Eine frische Zitrone

So wird's gemacht

1. Legen Sie die Eiswürfel in ein Cocktailglas und bedecken Sie sie mit kaltem Wasser. Dadurch wird das Glas schön gekühlt.

2. Füllen Sie das Rührglas mit Eis und gießen Sie ein wenig trockenen Wermut darüber. Rühren Sie ein paar Sekunden lang mit dem Barlöffel um und seihen Sie dann Wermut und Schmelzwasser ab. Auf diese Weise wird das Eis mit Wermut überzogen und das Rührglas gekühlt.

3. Gießen Sie drei Maß Gin oder Wodka über das Eis im Rührglas und rühren Sie gut um.

4. Gießen Sie das gekühlte Wasser aus dem Cocktailglas ab und seihen Sie den Gin oder Wodka ins Glas.

5. Garnieren Sie das Ganze mit drei Cocktail-Oliven auf einem Zahnstocher oder schneiden Sie ein Stück Zitronenschale ab und pressen Sie Öl aus der Zitronenschale auf den Drink.

6. Machen Sie eine Spirale aus Zitronenschale: Schneiden Sie ein Stück Schale zu einem 0,5 cm dicken Streifen und drehen Sie diesen in Korkenzieherform. Wischen Sie den Rand des Glases damit ab und geben Sie die Spirale in den Martini. Trinken Sie das Glas jetzt trocken.

Wie man ...

einen tropfenden Wasserhahn repariert

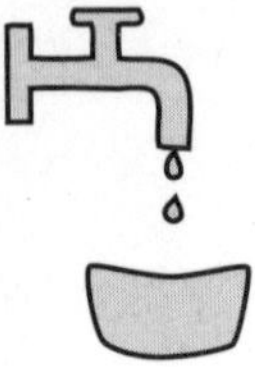

Ein tropfender Wasserhahn kann die Geduld eines Mannes aufs Äußerste beanspruchen. Experten behaupten, dass selbst ein leichtes Tropfen in der Woche 140 Liter Wasser kostet, also 14 große Eimer voll. Rechnen Sie das über drei Jahre hoch und Sie bekommen genug Wasser zusammen, um einen privaten Badesee und einen angrenzenden Wasserpark zu befüllen.

Ein tropfender Wasserhahn kostet Sie aber nicht nur Geld, sondern verursacht auch hässliche Kalkflecken auf Ihrer Badkeramik. Außerdem raubt er Ihnen mit seinem unermüdlichen, nervtötenden tropf, tropf, tropf den Nachtschlaf. Himmelherrgott, wann hört das endlich auf? Wenn Sie sich endlich aufraffen, den Dichtungsring auszutauschen (Ersatz bekommen Sie für ein paar Cent in jedem Baumarkt). Denn normalerweise braucht es nicht mehr ... außer Sie haben moderne Armaturen, also Einhebel-Mischbatterien. Diese werden zwar viel seltener undicht, dafür kann man sie als Laie auch nicht so einfach reparieren. Rufen Sie in dem Fall am besten den Klempner.

Falls der Hahn aber einen Drehgriff hat, können Sie sich selbst helfen:

Drehen Sie aber die Wasserzuleitung ab, bevor Sie anfangen, sonst stehen Sie bald da wie ein begossener

Pudel. Drehen Sie dazu, falls vorhanden, das Eckventil in der Nähe des Wasserhahns ab oder die zentrale Wasserversorgung Ihres Hauses / Ihrer Wohnung (in der Nähe des Wasserzählers oder dort, wo die Wasserleitung von außen ins Haus kommt). Wenn Sie nicht wissen, wo sich beides befindet, sollten Sie sich sofort auf die Suche machen, dann wissen Sie auch bei späteren Notfällen Bescheid.

Drehen Sie den Wasserhahn auf, nachdem Sie die Wasserversorgung gekappt haben, um das in den Leitungen befindliche Restwassser abzulassen. Drehen Sie den Hahn wieder zu, wenn kein Wasser mehr kommt. Schließen Sie jetzt den Abfluss des Waschbeckens / der Wanne. Damit verhindern Sie, dass die fitzeligen Kleinteile, die Ihnen sicher herunterfallen werden, im Abfluss verschwinden.

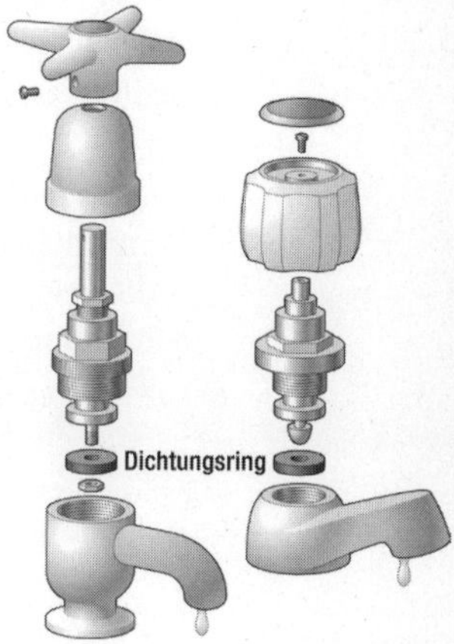

Nehmen Sie als Nächstes den Drehgriff ab. Falls dieser mit einem Schräubchen gesichert ist (siehe Abb. 1 und 2), müssen Sie diese erst herausdrehen. Falls nicht, reicht kräftiges Ziehen nach oben, damit der Griff abgeht.

Jetzt liegt das Ventiloberteil frei, das oben mit einem Sechskant versehen ist. Nehmen Sie einen passenden Schraubenschlüssel oder eine Rohrzange und lösen Sie den Sechskant mit einem kleinen Ruck gegen den Uhrzeigersinn.

Halten Sie dabei den Wasserhahn in seiner Stellung fest, damit er sich nicht verdreht. Jetzt kann das Ventil mit der Hand herausgedreht werden. An seiner Unterseite sehen Sie die Dichtung, ein Gummiplättchen, das meist mit einer Mutter befestigt ist (allerdings gibt es leicht verschiedene Konstruktionen, siehe auch die beiden Abbildungen). Lösen Sie gegebenenfalls die Mutter und tauschen Sie den Dichtungsring aus. Der alte Ring sollte dabei aussehen wie der neue, nur älter und abgenutzter.

Schrauben Sie die Mutter wieder an (wenn da eine war), schrauben Sie das Ventiloberteil erst mit der Hand wieder ein, dann mit dem Sechskant fest, setzen Sie den Griff wieder auf und befestigen Sie ihn gegebenenfalls mit dem Schräubchen.

Stellen Sie jetzt die Wasserversorgung wieder an. Wenn das Tropfen aufgehört hat, ist dieses Kapitel für Sie abgeschlossen. Glückwunsch!

Wenn nicht, dürfen Sie einen Wutanfall kriegen und jetzt doch den Installateur anrufen, der diese traurige Veranstaltung endlich beenden kann. Na ja, zumindest haben Sie's versucht.

Wie man ...
einen Reifen wechselt

Dieses merkwürdige Rumpeln beim Fahren und die Tatsache, dass das Auto sich zu einer Seite zu neigen scheint, weisen darauf hin, dass Sie möglicherweise einen Plattfuß haben. Das können Sie nicht ignorieren, indem Sie das Radio lauter drehen. Sie werden den Reifen wohl oder übel wechseln müssen. Und so geht's:

Das Reserverad

Bremsen Sie auf flotte Schrittgeschwindigkeit (ca. 8 km/h) herunter, um den Reifen möglichst wenig zu beschädigen, und rollen Sie zu einem sicheren Standort. (Damit Sie möglichst wenig beschädigt werden, sollten Sie sehen, dass Sie nicht ausgerechnet neben einer Horde mit Messern herumspielender Tunichtgute zum Stehen kommen.)

Schalten Sie den Motor ab, vergewissern Sie sich, dass der Warnblinker läuft und ziehen Sie die Handbremse an. Legen Sie bei einem Auto mit Schaltgetriebe den Rückwärtsgang ein, bei einem Automatikfahrzeug die Fahrstufe P (für Parken).

Lassen Sie alle Mitfahrer aussteigen und laden Sie das Gepäck aus, um das Auto leichter zu machen, und stellen Sie eins dieser Warndreieck-Dinger auf. Das verhindert unter Umständen, dass ein 40-Tonner

Sie platt walzt – allerdings nur dann, wenn der Fahrer nicht nach 37 Stunden nonstop hinterm Steuer eingeschlafen ist. Wenn das passiert, hilft auch das beste Warndreieck nichts mehr.

Suchen Sie jetzt nach dem Ersatzrad (das finden Sie normalerweise im Kofferraum, oft unter der Bodenmatte; vorzugsweise sollte es voll aufgepumpt sein) und den Werkzeugen, die Sie brauchen: Schraubenschlüssel, Wagenheber und die Betriebsanleitung Ihres Fahrzeugs. Wenn nur eines davon fehlt, können Sie nicht weitermachen und müssen Hilfe herbeirufen oder den Daumen rausstrecken. Wenn Sie aber alles gefunden haben, kann's losgehen:

Der Anfang

1. Schritt: Zuerst müssen Sie die Radkappe entfernen – das ist die Plastikscheibe, die die Mitte des Rades abdeckt – außer, Sie haben Leichtmetallfelgen. In diesem Fall können Sie die Anweisung vergessen und haben gerade sieben Sekunden wertvoller Lebenszeit verschwendet. Heben Sie die Radkappe mit den Fingern oder dem Schraubenschlüssel ab. Lösen Sie die Radmuttern. Das geht viel leichter, solange der Wagen noch am Boden steht. Drehen Sie die Muttern mit dem Schraubenschlüssel eine halbe Umdrehung gegen den Uhrzeigersinn. Lockern Sie dabei immer sich gegenüberliegende Muttern hintereinander; das Rad löst sich so gleichmäßiger. Wenn die Muttern zu fest sitzen, helfen Sie mit einem Tropfen Öl nach, den Sie ein paar Minuten einwirken lassen. Alternativ können Sie auch den Schraubenschlüssel mit einer Hand um die Mutter halten und mit Ihrem klobigen schweren Fuß auf das andere Ende steigen.

2. Schritt: Im Handbuch des Autos sollte stehen, an welchem Punkt Sie den Wagenheber ansetzen sollten (meist befindet sich dort auch eine passende Öffnung am Rahmen des Autos). Wenn der Wagenheber nur im Geringsten unsicher greift, haben Sie ein Problem: Der Wagenheber könnte leicht abrutschen, selbst auf ebenem Untergrund.

Sobald der Wagenheber angesetzt ist, legen Sie die Kurbel ein und drehen Sie langsam. Kurbeln Sie das Auto gerade so weit hoch, dass der kaputte Reifen den Boden noch berührt, der Reservereifen sich aber schon flach unter die Karosserie schieben lässt. Sollte das Auto nun doch vom Wagenheber rutschen, dämpft wenigstens das Reserverad den Aufprall. Kurbeln Sie das Auto jetzt weiter hoch, bis der Plattfuß sich gerade von der Straße hebt. Lösen Sie nun die Muttern ganz (wieder jeweils diagonal liegende hintereinander) und entfernen Sie sie. Stecken Sie sie in die Hosentasche und bewahren Sie sie sicher auf. In Ihrer Hosentasche.

3. Schritt: Nehmen Sie das Rad weg, das schwer und mit einer Mischung aus Öl, Dreck und platt gewalzten Kleintieren verdreckt sein wird. Legen Sie es als Polster unter eine angehobene Kante des Autos (den Reservereifen haben Sie natürlich vorher dort weggenommen). Legen Sie den guten Reifen auf die Nabe, drehen Sie die Muttern zunächst mit den Fingern hinein, wieder diagonal liegende hintereinander. Ja, die Muttern. Haben Sie die nicht in die Tasche gesteckt?

Senken Sie den Wagenheber, bis der Reifen wieder leicht den Boden berührt. Ziehen Sie die Muttern jetzt richtig an und setzen Sie die Radkappe wieder auf.

Das Ende

Werfen Sie den kaputten Reifen in den Kofferraum, senken Sie das Auto vollständig ab und entfernen Sie den Wagenheber. Füllen Sie Leute und Gepäck wieder ein, schauen Sie in den Seitenspiegel, blinken Sie und setzen Sie Ihre Fahrt fort.

Noträder und andere Krankheiten

Noträder sind nur dafür gedacht, Sie heil zur nächsten Autowerkstätte zu bringen, wo ein ölverschmierter Mechaniker es durch ein vollwertiges Rad ersetzt, sobald das Wochenende vorbei ist. Fahren Sie mit Notrad niemals schneller als 60 km/h und tauschen Sie es so bald wie möglich aus.

Und bitte denken Sie an Ihre Sicherheit und wechseln Sie niemals einen Reifen auf dem Standstreifen einer Autobahn – ein Laster könnte Ihnen ratzfatz den Kopf abtrennen. Schalten Sie die Warnblinkanlage ein, rufen Sie den Pannendienst und stellen Sie sich in sicherer Entfernung (ca. 10 m) hinter das Fahrzeug und von der Fahrbahn weg.

Wie man …
ihr ein Geschenk kauft, das ihr zur Abwechslung mal gefällt

Woher sollte ich wissen, was sie mag? Ich kenne sie ja nicht mal. Wenn sie aber ähnlich tickt wie die meisten Frauen, täten Sie gut daran, ihr öfter zuzuhören und sich zumindest einen Teil der Informationen zu merken, die sie mitteilt. Passen Sie in der Phase vor Geburtstagen und Weihnachten besonders gut auf, wenn sie kleine Hinweise einfließen lässt, was sie bestimmt machen wird.

Wenn Sie aber die ganzen letzten Monate die Finger in die Ohren gesteckt und all ihre Hinweise ignoriert haben, müssen Sie jetzt nachsitzen. Vernünftig wäre, als Erstes ihre beste Freundin zu fragen. Die weiß normalerweise genau, was gut ankäme; außerdem wird sie sich geschmeichelt fühlen, dass Sie sie um Rat bitten. (Natürlich wird sie später Ihrer Partnerin erzählen, wie köstlich hilflos Sie waren. Aus irgendeinem Grund finden Frauen so etwas süß.) Bitten Sie aber nie die Mutter Ihrer Partnerin um Rat, außer Sie möchten für einen fantasielosen, unromantischen, faulen Schwachkopf gehalten werden. Hilfreich könnte es auch sein, heimlich mal einen Blick in das letzte Heft des bevorzugten Frauenmagazins Ihrer Partnerin zu werfen. Dort finden Sie Hinweise darauf, was »in« und was »out« ist, und darüber hinaus auch darauf, was akzeptable Penislängen sind.

Haben Sie noch immer keine Ideen? Leider gibt es keine Patentrezepte dafür, was Frauen gefällt – sie sind komplizierte Wesen. Groß angelegte Studien haben allerdings ergeben, dass folgende Geschenke ziemlich viele Kriterien erfüllen:

* alle Geschenke, die zeigen, dass Sie nachgedacht und sich Mühe gegeben haben. (Darunter fällt zum Beispiel nichts, das Sie kurz vor ihrem Geburtstag noch schnell an der Tanke besorgt haben.) Bedenken Sie, was Mädchen gefällt: ein ganz persönliches Fotoalbum (auch wenn auf den meisten Bildern Ihre Partnerin und ihre Freundinnen mit glasigen Augen in einer Karaokebar zu sehen sind). Auch eine ganz altmodische Kassette mit einer Zusammenstellung ihrer Lieblingslieder oder ein schwer aufzutreibendes Kinderbuch, das sie früher geliebt hat, kommen sicher gut an.
* ein selbst gebastelter Gutschein – zum Beispiel für ein edles Dinner zu zweit, gefolgt von einer Nacht in einem angesagten Boutique-Hotel. Alternativ können Sie auch schriftlich versprechen, ein ganzes Wochenende lang auf die Kinder aufzupassen, die Einkäufe, das Putzen, das Kochen und das Waschen zu erledigen, während sie die Beine hochlegen kann. Betrachten Sie das als Umkehrung der Rollen – Ihre Partnerin wird es sicher so sehen.

* Luxusartikel, für die sie normalerweise nie so viel Geld ausgeben würde: ein Kaschmirpullover (oder -schal, wenn Sie gerade knapp bei Kasse sind, Sie Geizkragen), ein handgebundenes, ledereingeschlagenes Notizbuch oder sogar Pralinen von einem echten Chocolatier (Belgier haben hier den besten Ruf und sind entsprechend teuer).
* ein origineller Ausflug: Gehen Sie mit ihr zum Pferderennen, machen Sie ein Picknick am Meer, unternehmen Sie eine romantische Bootstour auf dem Fluss, gehen Sie mit ihr in die Oper, besuchen Sie ein edles Wellnesszentrum mit ihr, so Sachen. Für Einladungen auf eine Halbe Bier ins Bahnhofsrestaurant gibt's allerdings keine Bonuspunkte.
* Parfum, Schmuck, Blumen und Dessous kommen immer gut an, es kann aber verdammt schwer sein, das Richtige auszuwählen. Stellen Sie sicher, dass Sie bei Dessous die richtige Größe kaufen, auch wenn Sie dafür heimlich in ihrer Unterwäscheschublade herumstöbern müssen. Lassen Sie sich dabei aber nicht erwischen! Bedenken Sie beim Einkaufen auch, dass Sie die Dessous für sie kaufen, nicht zu Ihrem Amüsement. Wenn ein Höschen aussieht wie ein Käsedraht mit Spitzen, hat der Designer vermutlich nicht ihre Bequemlichkeit im Auge gehabt.

Es schadet übrigens auch nicht, ihr mal ohne Anlass etwas zu schenken. Sie wissen schon, das Überraschungsmoment und so ...

Wie man ...

Fenster putzt wie ein Profi

Wenn sich der Dreck an Ihren Fenstern so gesammelt hat, dass Sie nicht mehr erkennen können, ob draußen Tag oder Nacht ist, wird es vielleicht Zeit, die Fenster schnell mal zu putzen. Die besten Ergebnisse bekommen Sie, wenn Sie einen professionellen Fensterputzer engagieren, der in der Gegend einen guten Ruf hat. Nicht ganz so gut, dafür aber wesentlich billiger wird es, wenn Sie selbst Hand anlegen. Experten raten, die Fenster mindestens zweimal im Jahr zu putzen, was nicht unvernünftig klingt.

Sie benötigen:

* einen Fensterabzieher – dieses T-förmige Gerät mit Gummilippe, das Wasser abzieht, ohne dreckige Streifen zu hinterlassen. Sie bekommen ihn in jedem Baumarkt.
* einen Schwamm – der professionellere Ansatz ist, gleich einen Abzieher mit Schwamm zu kaufen. Den gibt's auch im Baumarkt.
* einen Eimer kaltes Wasser mit einem satten Schuss Spülmittel – warmes Wasser verursacht eher Streifen.
* ein kleines Stück Fensterleder.

Bevor Sie anfangen:

Beachten Sie das Wetter: Wenn es sonnig ist und die Scheiben warm sind, trocknet das Putzwasser zu schnell, was Streifen verursacht. (Inzwischen haben Sie vermutlich gemerkt, dass Streifen das Schlimmste sind, was einem Fensterputzer passieren kann – außer natürlich einem Sturz von der Leiter oder aus dem Fenster.) Solange es also sonnig und warm ist, dürfen Sie sich in den Garten setzen. Machen Sie sich erst an die Arbeit, wenn es bewölkt, trocken und grau ist.

Säubern

Der Tag ist bewölkt, trocken und grau. Entfernen Sie als Erstes groben Dreck auf dem Fenster und drumherum. Wischen Sie mit dem Schwamm Fensterrahmen und -bretter ab – wenn Sie sich diese Arbeit bis zum Schluss aufheben, machen Sie dabei garantiert Spritzflecken auf die frisch geputzte, streifenfreie Scheibe. Und dann müssen Sie von vorn anfangen.

Wischen

Benetzen Sie das Schwämmchen mit gerade so viel Seifenwasser, wie Sie brauchen, um die Scheibe zu benetzen – Sie brauchen das Schwämmchen nicht zu tränken. Drücken Sie kräftig an, um hartnäckige Flecken zu entfernen, insbesondere den Dreck, der sich in den Ecken angesammelt hat. Profis schwören auf Glasschaber (erhältlich im Baumarkt; notfalls tut's auch eine Rasierklinge), mit denen sich festklebender

Vogeldreck und Ähnliches mühelos entfernen lässt. Vorsicht! Passen Sie mit den extrem scharfen Klingen von Glasschaber bzw. Rasierklinge auf, damit Sie sich nicht schneiden. Außerdem müssen Sie die Klinge anfeuchten, sonst zerkratzen Sie das Glas.

Abziehen

Feuchten Sie die Gummilippe des Abziehers mit einem feuchten Tuch an, bevor Sie das Wasser von der Scheibe abziehen. So sorgen Sie dafür, dass der Abzieher glatt über die Scheibe läuft. Setzen Sie den Abzieher senkrecht in die linke obere Ecke der Scheibe.

Drücken Sie fest an und ziehen Sie die Gummilippe in einer glatten Bewegung über die ganze Breite der Scheibe. Wischen Sie den Abzieher mit einem Stück Küchenrolle trocken (um Streifenbildung zu verhindern) und wiederholen Sie den Vorgang ein Stück weiter unten, wobei sich die Abziehbahnen leicht überlappen sollten.

Machen Sie so weiter bis zum unteren Ende der Scheibe: abziehen – säubern – ein Stück nach unten. Wischen Sie dann überschüssiges Wasser am unteren Rand der Scheibe mit einem feuchten Fenstertuch ab. Das Fenstertuch saugt Wasser auf, ohne ... zu hinterlassen. (Lieber Leser, ahnen Sie, was in die Lücke gehört?)

Der letzte Touch

Leuten zufolge, die ihre Fenster öfter und gründlicher putzen als Sie und ich, erhalten die Fenster den letzten Touch, wenn man ein, zwei Blätter Zeitungspapier zusammenknüllt und das gerade gereinigte Glas damit abreibt. Andere wiederum behaupten, so verschmiere man seine frisch gewienerten Scheiben nur mit Druckerschwärze.

Ebenso umstritten ist die Frage, ob ein Schuss Essig im Waschwasser Streifenbildung verhindert. Einige meinen, Ja, andere halten das für Unfug.

Abstürze

Es gibt viele Arten, auf heroische und männliche Weise abzutreten, aber mit einem Abzieher in der Hand von einer Leiter zu fallen, gehört nicht dazu. Wenn Sie nicht überall hinkommen, ohne sich übermäßig zu strecken, müssen Sie halt einen Verlängerungsstock für den Abzieher kaufen.

Wenn Sie eine Leiter brauchen: Stellen Sie sie auf einem stabilen Untergrund in sicherem Winkel auf (Mindestöffnungswinkel 15 Grad) und strecken Sie sich nicht zu sehr, um entlegene Stellen zu erreichen, sonst hängen Sie bald schreiend von der Regenrinne oder liegen tot am Boden. Und das will sicher niemand. (Zumindest hoffen Sie das.)

Wie man ...

tanzt

Wenn man's genau nimmt, sollte das Kapitel heißen »Wie man tanzt, ohne sich vorzukommen und auszusehen wie ein klumpfüßiger Trottel oder wie dieser tragische Onkel, der bei Hochzeiten auf der Tanzfläche herumhopst wie ein Häschen auf Ecstasy«.

Tragischerweise wird auch in Ihrem Leben einmal der Punkt kommen, wo Sie tanzen müssen. Wenn es dann so weit ist und Sie sich schon seit Stunden in einer Toilette verbarrikadiert haben, werden Sie sich wünschen, Sie hätten sich die folgende Lektion besser eingeprägt:

Einige Grundregeln:

1. Fast alle Männer sind lausige Tänzer. Manche verstehen es besser, ihren natürlichen Mangel an Rhythmusgefühl zu verbergen als Sie, dem Rest ist es wurst.
2. Die meisten Männer improvisieren beim Tanzen gnadenlos, haben also keinerlei choreographierte Tanzbewegungen einstudiert. Das wird auch offensichtlich, wenn man (heimlich) mehr als sechs Sekunden lang zuschaut, wie Männer tanzen.
3. Die meisten tanzenden Männer wissen, dass man vor allem selbstbewusst wirken muss. Professionelle Tänzer nennen das »Ausstrahlung«: die

Fähigkeit, anderen vorzumachen, man wisse, was man da tut.

4. Jeder Mann, der zumindest einen Tanzschritt beherrscht, erhebt sich weit über die total ahnungslosen Herumschlurfer auf der Tanzfläche. Umstehende werden glauben, Sie hätten natürliches Rhythmusgefühl, dabei machen Sie schlicht den Einfachsten Tanzschritt, Der Je Erfunden Wurde:

Der einfachste Tanzschritt, der je erfunden wurde ...

In jedem Tanzschritt findet sich, wenn man nur genau genug hinsieht, ein Element des Step-touch. Den lernen Sie also heute; und wenn Sie erst mal gelesen haben, wie einfach er ist, werden Sie vermutlich Ihr Geld für dieses Kapitel zurückverlangen.

1. Stellen Sie sich so hin, dass Ihre Beine in bequemem Abstand zueinanderstehen. Nein, nur Sie können »bequem« definieren.
2. Hören Sie auf die Musik und machen Sie *mit dem Schlag* mit einem Bein einen Schritt zur Seite.
3. Bleiben Sie weiter im Takt und holen Sie das andere Bein nach, sodass Sie wieder in der Ausgangsposition stehen, allerdings seitlich versetzt.

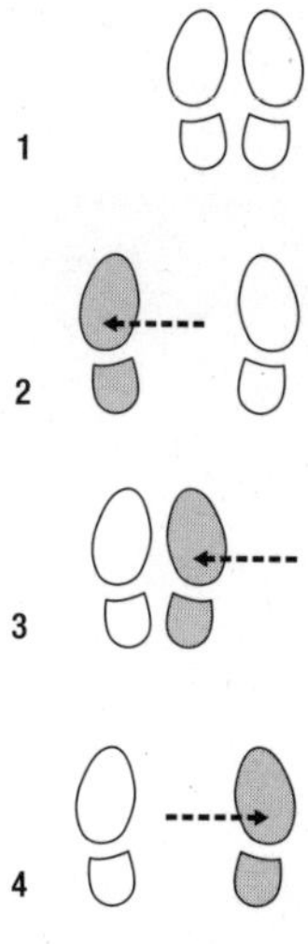

4. Wiederholen Sie mit den nächsten Schlägen diese Bewegung, allerdings in die entgegengesetzte Richtung. Machen Sie weiter, bis das Lied endet.
5. Es gibt kein 5.; mehr ist an dem Schritt nicht dran.

Das Schöne am Step-touch ist, dass die Technik die gleiche bleibt, egal, ob Sie sich nach links, nach rechts, nach vorn oder nach hinten bewegen. Sie müssen allein darauf achten, dass Sie im Takt bleiben, sonst sehen Sie aus wie ein Trottel.

Bringen Sie die Arme ins Spiel ...

Bedenken Sie, dass Sie im Grunde nur – wenn auch gekonnt – auf der Tanzfläche herumschlurfen, wenn Sie allein die Füße bewegen. Setzen Sie jetzt auch noch die Arme ein, und allmählich kann man das Tanzen nennen, was Sie da machen. Durch Armbewegungen verleihen Sie Ihrem Tanz mehr Ausdruck – und das ist der Moment, wo die meisten Männer sich zum Affen machen.

Das Geheimnis besteht darin, beide Arme nah am Körper zu halten und Selbstbewusstsein auszustrahlen, fast schon kecken Übermut. Lassen Sie die Arme nie schlaff herunterhängen, als wüssten Sie nicht, was Sie mit ihnen anfangen sollen – Sie wissen schon: Ausstrahlung, Ausstrahlung, Ausstrahlung.

Beginnen Sie mit der grundlegendsten Armbewegung: schwingen Sie die Arme ungefähr, als würden Sie joggen; die Unterarme bewegen sich auf und ab.

Zugegeben, das ist jetzt nicht der Bringer, aber es sieht ganz anständig aus, solang Sie sich im Takt bewegen.

Bauen Sie davon ausgehend beeindruckende Bewegungen in Ihren Tanz ein. Wenn Sie einen Schritt nach rechts machen, bewegen Sie die Arme in diese Richtung und zeigen mit dem rechten Zeigefinger in diese Richtung oder rollen Sie die Fäuste in diese Richtung übereinander. Machen Sie das Gleiche seitenverkehrt, wenn Sie einen Schritt nach links machen.

Wenn Sie all das sicher draufhaben, können Sie gerade so gut auch die klassische Disco-Armbewegung der 1970er-Jahre auspacken. Heben Sie also den linken Arm hoch und deuten Sie zur Decke, während Sie einen Schritt nach links machen. Wiederholen Sie das Ganze mit dem rechten Arm, wenn Sie einen Schritt nach rechts machen. All das geschieht natürlich im Takt. Jeder Tanz drückt etwas aus, und Ihre John-Travolta-Imitation verkündet laut: »Dieser Tänzer hat keine Ahnung und weiß nicht, wie er wieder aufhören soll.«

So, damit haben wir das Allergrundsätzlichste abgehandelt. Von diesen Grundbewegungen ausgehend, bewegen sich Arme und Beine auf immer komplexere Weise, und bevor Sie sich versehen, wirbeln Sie auf dem Kopf herum, den nun ein gewagter Afro ziert. Besser also, wir lassen es für den Moment gut sein.

Wie man ...
gut tanzt, wie ein Dandy

Jeder Gentleman, der etwas auf sich hält und darüber erhaben ist, mit seinem schäbigen Touch-step Flittchen über den Tanzboden schmieriger Nachtklubs zu scheuchen, sollte in Erwägung ziehen, ordentlich tanzen zu lernen, wie ein Dandy.

Die klassischen Gesellschaftstänze gibt es, in den verschiedensten Formen, schon seit Ewigkeiten. Früher vergnügte sich die Oberschicht mit ihnen, während der Pöbel sich bei Volkstänzen und Ringkämpfen mit Bären vergnügte. Heutzutage zählt Klassenzugehörigkeit nicht mehr viel. So wird das wichtigste und größte Tanzsport-Festival der Welt jährlich im Proletarier-Paradies Blackpool ausgetragen, und etliche der hocheleganten Tänzer sind sonnenstudiogebräunte, mit Billigklunkern behängte Grattler.

Würde man sie fragen, welchen Tanz der Novize als Erstes lernen sollte, würden sie möglicherweise den Swing Boogie, Disco Fox oder Carolina Shag vorschlagen. Da wir aber mit den wichtigsten Grundlagen anfangen und die Dinge einfach halten wollen, glauben wir, dass Ihnen mit einem Walzer-Grundkurs mehr gedient ist. Aufgepasst! Im Namen dieses zeitlosen Klassikers steckt zwar das Verb »walzen«, doch damit ist schlicht »tanzen« gemeint, nicht »platt walzen«. Sie sind der Mann, also führen Sie, und die Frau sollte sich führen lassen. Das Grundprinzip erweist sich als ganz simpel:

Der Wiener Walzer

Stellen Sie sich gegenüber Ihrer Partnerin auf und legen Sie die rechte Hand an ihre Taille, leicht zum Rücken hin. Die Linke sollten Sie nach links halten, mit angewinkeltem Ellbogen. Ihre linke Handfläche befindet sich etwa auf Schulterhöhe und sieht zur Partnerin. Ihre Partnerin sollte mit der Rechten Ihre linke Hand locker greifen, ihre linke Hand liegt auf Ihrer rechten Schulter, der Ellbogen ist eher abgewinkelt als voll durchgestreckt. Jetzt können Sie loslegen. Raten Sie Ihrer Partnerin, sich festzuhalten, achten Sie auf den Takt und beginnen Sie auf den Schlag.

Tanzen Sie elegant auf den Zehenspitzen. Sehen Sie gerade nach vorn, also ihr in die Augen oder das Auge, wenn sie zu den Frauen gehört, die Augenklappe tragen. Experten raten, während des Tanzens »eins, zwei, drei, eins, zwei, drei« mitzuzählen, mit Betonung auf den ersten Schlag.

Auf den ersten Schlag (»eins«) machen Sie mit dem linken Fuß einen Schritt nach vorn. Gleiten Sie dabei so elegant wie möglich. Ihre Partnerin macht jeweils die entsprechende Gegenbewegung; auf den ersten Schlag macht sie also mit dem rechten Fuß einen Schritt nach hinten.

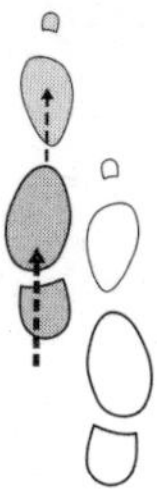

1

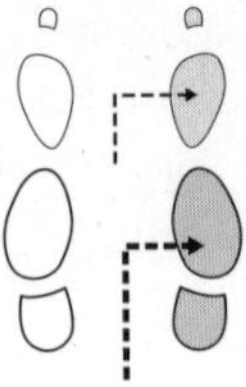
2

Auf den zweiten Schlag (»zwei«) machen Sie mit dem rechten Fuß einen Schritt nach vorn und nach rechts, in Form eines auf den Kopf gestellten Ls. Verlagern Sie dann Ihr Gewicht auf diesen Fuß. Der linke Fuß bewegt sich nicht.

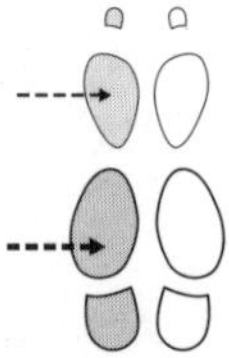
3

Auf den dritten Schlag (»drei«) führen Sie den linken Fuß gleitend an den rechten heran, sodass beide Füße wieder nebeneinanderstehen.

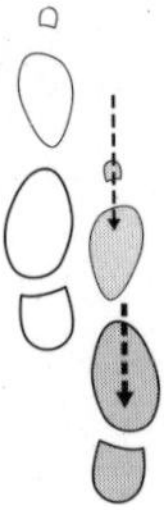
4

Auf den vierten Schlag (»eins«) machen Sie mit dem rechten Fuß einen Schritt nach hinten.

Auf den fünften Schlag (»zwei«) machen Sie mit dem linken Fuß eine Bewegung zurück und nach links, in Form eines spiegelverkehrten Ls. Am Ende dieser Bewegung sollte Ihr Gewicht auf dem linken Fuß ruhen.

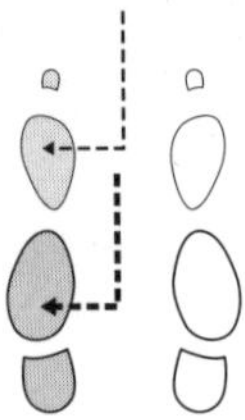
5

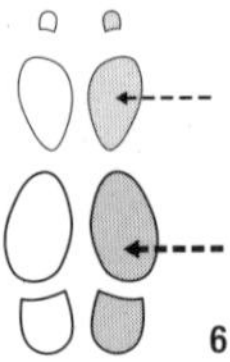
6

Auf den letzten Schlag (»drei«) holen Sie den rechten Fuß gleitend an den linken heran, bis die beiden Füße wieder nebeneinanderstehen. Damit ist der Zyklus komplett; als Nächstes folgt wieder der erste Schritt (mit dem linken

Fuß nach vorn). Machen Sie weiter, bis die Musik endet oder Sie außer Atem geraten. Variieren Sie dabei die Schrittlänge so, dass Sie im Raum herumgleiten, anstatt das immer gleiche Stückchen Parkett abzunutzen.

Anmerkung:

Das sind die Grundzüge des traditionellen Wiener Walzers, ohne jeden Schnickschnack. Amerikaner bevorzugen – kaum verwunderlich – den amerikanischen Walzer, bei dem man die Seiten wechselt, die Dame über dem Kopf herumwirbelt und sonst noch so allerlei Hollywood-Unfug veranstaltet. Wenn Sie darüber mehr wissen wollen, brauchen Sie ein anderes Buch.

Wie man … einen Moriskentanz aufführt

Ach komm, zisch ab!

Danksagung

Mein bescheidener Dank gilt, ohne besondere Reihenfolge, Mark Pitt, Mike Glendinning, Phil und Jayne, Ben und Karen, Matt und Mel, Ian Quest, Dan Jones, Richard und Tanya, Simon Weeden, Ma und Pa Harper und Burdett, Lawrence und Fiona, Scott Murray, Dan Rookwood, Rob Smyth, Simon »Dogs« Burdett und Muneni, Matt Pool, Boris, Toby Potter, Tom Goss, Chris und Claire, Michael Powell, allen bei MOM (insbesondere Chris und Lindsay), David Woodroffe, Al, Peaches, Mooro und Ollie, der alles geordnet hat.

Den meisten Dank schulde ich Sarah, für die vielen Jahre Geduld.

Kein Dank an Barry Glendenning, der überhaupt keine Hilfe war.

Die Experten:

Champagner- und Weinkapitel: Bonvivant Harry Putt (www.winefoodacademy.com)

Überleben im Gefängnis: Klaus Laubenthal: *Lexikon der Knastsprache*, Lexikon Imprint Verlag, 2001

Hechten wie Tarzan: Rob »Frenchy« French, Rettungsschwimmer und Playboy

Heimlich-Manöver, Wiederbelebung, Blutungen und Verbrennungen: Joe Mulligan, Leiter des Erste-Hilfe-Dienstes beim Roten Kreuz Großbritannien

Korrektes Händeschütteln: Thomas Blaikie, Autor von *Blaikie's Guide to Modern Manners*, Fourth Estate Verlag, 2005

Geburtshilfe: Virginia Howes, selbstständige Hebamme (www.kentmidwiferypractice.co.uk)

Alle Kapitel über Autos und Autofahren: Alan »AJ« Jeffrey, ehemaliger Rallye-Pilot und Autor von Technikbüchern

Fischfang mit einer Schnur: Patrick McGlinchey, Überlebensexperte (www.backwoodssurvival.co.uk)

Ziehen eines eigenen Zahns: »Bitte nicht!« – Dr. Martin S. Spiller, verantwortlicher Zahnarzt

Hau den Lukas: Paul Jose von Fun Time Hire, Hammerexperte

Einstecken eines Schlags: Jezz Wilcox, Persönlicher Fitnesstrainer (www.thethirdspace.com)

Tanzen: Brent Ingleton, Lehrer von Club-Moves (www.danceworks.net). Mentale Tipps: Jacqueline Butler, Tanzlehrerin

Sprung aus einem fahrenden Zug: Jon Epstein, Stunt-Double von Chuck Norris

Rasenmähen: Mick Hunt, erster Platzwart im Lord's Cricket Club

Werfen wie ein Mann: Patrick Fallis, Crickettrainer (www.coachingcricketexcellence.co.uk)

Kauf von Blumen: Samantha Bayton, Flowergram Ltd. (www.flowergram.co.uk)

Mixen eines Cocktails: Juha Kaskinen, Gründer der Cocktail-Akademie London (www.cocktailacademy.co.uk)

Halten einer Hochzeitsrede: Beratung und Hinweise stammen von www.lastnightoffreedom.co.uk

Kauf eines Anzugs: Die Tipps stammen von www.suitmaker.co.uk

Rasur mit einem Rasiermesser: Tipps von www.executive-shaving.co.uk

Fensterputzen: Tony Glendinning, Fensterputzer

Aufbrechen einer Tür und Tragen einer Person: Tony Glendinning, Feuerwehrmann (stimmt schon, er ist beides)

Kauf eines Gebrauchtwagens: Greg Mills, Autoverkäufer

Armdrücken: Neil Pickup, zweimaliger Europa- und Weltmeister im Armdrücken (Mittelgewichtsklasse)

Bau von Pfeil und Bogen: Pete Davidson, Experte für Langbogen (www.tradlongbows.co.uk)

Schießen mit Pfeil und Bogen: Mark Davis, Lehrer für Bogenschießen (www.aasinfo.demon.co.uk)

Baumstammwerfen, Telefonbuchzerreißen, Hau den Lukas: Geoff Capes, Athlet, Muskelprotz und Züchter von preisgekrönten Wellensittichen